삼성
웰스토리

직무적성검사

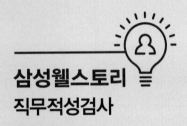

삼성웰스토리
직무적성검사

초판 인쇄 　2022년 1월 26일
초판 발행 　2022년 1월 28일

편 저 자 ｜ 취업적성연구소
발 행 처 ｜ ㈜서원각
등록번호 ｜ 1999-1A-107호
주　　소 ｜ 경기도 고양시 일산서구 덕산로 88-45(가좌동)
교재주문 ｜ 031-923-2051
팩　　스 ｜ 031-923-3815
교재문의 ｜ 카카오톡 플러스 친구[서원각]
영상문의 ｜ 070-4233-2505
홈페이지 ｜ www.goseowon.com
책임편집 ｜ 정상민
디 자 인 ｜ 이규희

PREFACE

우리나라 기업들은 1960년대 이후 현재까지 비약적인 발전을 이루었다. 이렇게 급속한 성장을 이룰 수 있었던 배경에는 우리나라 국민들의 근면성 및 도전정신이 있었다. 그러나 빠르게 변화하는 세계 경제의 환경에 적응하기 위해서는 근면성과 도전정신 이외에 또 다른 성장 요인이 필요하다.

한국기업들이 지속가능한 성장을 하기 위해서는 혁신적인 제품 및 서비스 개발, 선도 기술을 위한 R&D, 새로운 비즈니스 모델 개발, 효율적인 기업의 합병·인수, 신 사업 진출 및 새로운 시장 개발 등 다양한 대안을 구축해 볼 수 있다. 하지만, 이러한 대안들 역시 훌륭한 인적자원을 바탕으로 할 때에 가능하다. 최근으로 올수록 기업체들은 자신의 기업에 적합한 인재를 선발하기 위해 기존의 학벌 위주의 채용을 탈피하고 기업 고유의 인·적성검사 제도를 도입하고 있는 추세이다.

삼성웰스토리에서도 업무에 필요한 역량 및 책임감과 적응력 등을 구비한 인재를 선발하기 위하여 고유의 인·적성검사를 치르고 있다. 본서는 삼성웰스토리 채용 대비를 위한 필독서로 삼성웰스토리 인·적성검사의 출제경향을 철저히 분석하여 응시자들이 보다 쉽게 시험유형을 파악하고 효율적으로 대비할 수 있도록 구성하였다.

신념을 가지고 도전하는 사람은 반드시 그 꿈을 이룰 수 있습니다. 처음에 품은 신념과 열정이 취업 성공의 그 날까지 빛바래지 않도록 서원각이 수험생 여러분을 응원합니다.

INFORMATION

✪ 삼성웰스토리 소개

삼성웰스토리는 1982년부터 호암관, 해운대 연수소 등의 삼성그룹 연수원에서 식음서비스를 시작하며 대한민국 식음산업의 발전과 역사를 함께 하였다. 국민의 건강한 식생활을 만들고 건강한 가치를 창조하기 위해 식음서비스에 과학적 기준을 수립하고 시스템을 구축했다. 또한 신선한 식자재 배송을 위한 최첨단 물류 인프라를 확장해왔으며, 식품연구소와 조리아카데미 등 식음 R&D 투자를 기반으로 새로운 식문화 트렌드의 개발을 주도하고 연구를 지속하고 있다.

✪ 비전

① 비전 : 글로벌 식음 기업

② 미션 : 건강한 삶의 질을 높여 인류행복에 공헌한다.

③ 핵심가치 : Cook The Healthy Life

④ 경영원칙

    ㉠ 고객의 건강한 삶의 질 향상

    ㉡ 이웃과 더불어 건강한 사회 지향

    ㉢ 미래를 위한 지속 가능한 환경 유지

⑤ 인성

    ㉠ **고객지향** : 고객 Needs 및 트렌드 파악, 신속한 고객 대응

    ㉡ **기본충실** : 룰 & 프로세스 준수

    ㉢ **전문성강화** : 분야별 전문성 확보 글로벌 인재로 성장

    ㉣ **창의와 소통** : 창의기반의 변화와 혁신, 소통으로 협력

    ㉤ **차별화된 경쟁력** : 차별화된 상품과 스토리 발굴, 새로운 고객가치

✪ 인재상

① Creative(창의성) : 학습과 창의로 변화와 혁신을 주도하는 인재

② Global Expertise(전문성) : 자기 분야에 대해 전문성을 가지고 글로벌 성장 역량을 보유한 인재

③ Communication(소통력) : 열린 마음으로 소통하고 협업하는 인재

④ Customer Orientation(고객지향) : 고객의 원하는 바를 이해하고 존중할 수 있는 실천적 인재

✪ 건전한 조직문화

임직원 상호 간의 신뢰와 창의적 의사소통을 바탕으로 자기 분야에 대한 전문성을 가지고 최고의 성과를 위해 최선을 다하며 자기관리와 맡은 일의 관리뿐만 아니라 함께하는 동료와 회사의 발전을 생각합니다.

① 자기 관리(올바른 나)

② 일 관리(가치 있는 일)

③ 조직 관리(함께하는 동료)

④ 성과 관리(자랑스런 회사의 발전)

✪ 삼성웰스토리 영업/운영지원 신입사원 채용

① 자격요건

직무	지원자격
영업 / 운영지원	• 상경관련 전공자로서 2022년 2월 졸업예정자 또는 이전 졸업자 • OA / 회계 관련 자격 우대 • 병역필 또는 면제자로서 해외여행에 결격사유가 없는 자

② 전형절차

지원서 작성 ⇨ 서류전형 ⇨ 직무적성검사 ⇨ 종합면접 (실무·임원면접, 손씻기테스트) ⇨ 채용검진 ⇨ 최종합격

STRUCTURE

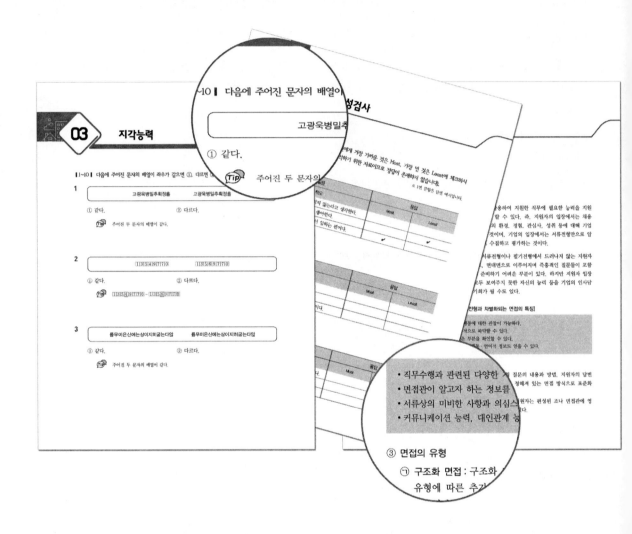

출제예상문제

다양한 유형의 출제예상문제를 상세한 해설과 함께 수록하여 실전에 완벽하게 대비할 수 있습니다.

인성검사 및 면접

인성검사의 개요와 실전 인성검사로 다양한 유형의 인성검사를 대비할 수 있습니다. 성공취업을 위한 면접의 기본과 면접기출을 수록하여 취업의 마무리까지 깔끔하게 책임집니다.

CONTENTS

PART

I

출제예상문제

▮1~5▮ 다음 주어진 값의 단위변환이 올바른 것을 고르시오.

1

$$0.5kg = (\qquad)$$

① $5,000,000\mu g$ ② $50g$

③ $500,000mg$ ④ $0.005t$

 $0.5kg = 500g = 500,000mg = 500,000,000\mu g = 0.0005t$

2

$$4.1\ell = (\qquad)$$

① $410d\ell$ ② $4,100cc$

③ $0.041m^3$ ④ $41cm^3$

 $4.1\ell = 41d\ell = 4,100cc = 0.0041m^3 = 4,100cm^3$

3

$$3,800\mathrm{cm}^3 = (\qquad)$$

① 380cc
② 38,000mℓ
③ 0.38ℓ
④ 38dℓ

 $3,800\mathrm{cm}^3 = 3,800\mathrm{cc} = 3,800\mathrm{mℓ} = 3.8\mathrm{ℓ} = 38\mathrm{dℓ}$

4

$$1\mathrm{atm} = (\qquad)$$

① 1,013.25Pa
② 101.325hPa
③ 760mmHg
④ 1.01325mb

 $1\mathrm{atm} = 101,325\mathrm{Pa} = 1,013.25\mathrm{hPa} = 760\mathrm{mmHg} = 1,013.25\mathrm{mb}$

5

$$5\mathrm{m/s} = (\qquad)$$

① 3km/min
② 0.05km/s
③ 1,800m/h
④ 18km/h

 $5\mathrm{m/s} = 0.3\mathrm{km/min} = 0.005\mathrm{km/s} = 18,000\mathrm{m/h} = 18\mathrm{km/h}$

ANSWER 〉 1.③ 2.② 3.④ 4.③ 5.④

6

$$3 \times (\frac{2}{5} + 15) - \sin 90°$$

① 45.2

② 46.5

③ 47.5

④ 48.2

(Tip) $3 \times (\frac{2}{5} + 15) - \sin 90° = 3 \times 15.4 - 1 = 45.2$

7

$$3 + (-2)^2 \div \{4 \div (3^3 - 7)\}$$

① 22

② 23

③ 24

④ 25

(Tip)
$3 + (-2)^2 \div \{4 \div (3^3 - 7)\}$
$= 3 + 4 \div \{4 \div (27 - 7)\}$
$= 3 + 4 \div \{4 \div 20\}$
$= 3 + 4 \div \frac{1}{5}$
$= 3 + 20$
$\therefore 23$

8

$$\frac{18}{7} \times \frac{5}{9} + \sqrt{225}$$

① $\frac{95}{7}$

② $\frac{102}{7}$

③ $\frac{109}{7}$

④ $\frac{115}{7}$

(Tip) $\frac{18}{7} \times \frac{5}{9} + \sqrt{225} = \frac{10}{7} + 15 = \frac{10}{7} + \frac{105}{7} = \frac{115}{7}$

9

$$6.02 \times 10^{23} \times 15$$

① 9.03×10^{23} ② 9.03×10^{24}

③ 9.03×10^{25} ④ 9.03×10^{26}

 $6.02 \times 10^{23} \times 15 = 90.3 \times 10^{23} = 9.03 \times 10^{24}$

10

$$137.12 + 84 \div \sqrt[3]{8} - 2.4$$

① 176.72   ② 177.92

③ 180.19   ④ 182.35

 $137.12 + 84 \div \sqrt[3]{8} - 2.4 = 137.12 + 84 \div 2 - 2.4 = 176.72$

11

$$5 \times 36 \div 2 - 40.5$$

① 46.5   ② 47.5

③ 48.5   ④ 49.5

 $5 \times 36 \div 2 - 40.5 = 49.5$

ANSWER 〉 6.① 7.② 8.④ 9.② 10.① 11.④

12

$$21 + 2^3 \div 2$$

① 25　　　　　　　　　　② 27

③ 29　　　　　　　　　　④ 30

 $21 + 2^3 \div 2 = 21 + 8 \div 2 = 25$

13

$$\frac{3}{4} + \frac{11}{12} + \sqrt[3]{64}$$

① $\dfrac{16}{3}$　　　　　　　② $\dfrac{17}{3}$

③ $\dfrac{19}{3}$　　　　　　　④ $\dfrac{20}{3}$

 $\dfrac{3}{4} + \dfrac{11}{12} + \sqrt[3]{64}$

$= \dfrac{3}{4} + \dfrac{11}{12} + 4$

$= \dfrac{9}{12} + \dfrac{11}{12} + \dfrac{48}{12}$

$= \dfrac{68}{12}$

$= \dfrac{17}{3}$

14

$$84 - \frac{29}{40} \times 2^4$$

① 70.4　　　　　　　　　② 71.4

③ 72.4　　　　　　　　　④ 73.4

 $84 - \dfrac{29}{40} \times 2^4 = 84 - 11.6 = 72.4$

15

$$7 + 7 \div 7 + 7 \times 7 - 7$$

① 1
② 7
③ 50
④ 56

 사칙연산은 덧셈, 뺄셈 보다 곱셈, 나눗셈을 먼저 계산한다.
$7 + (7 \div 7) + (7 \times 7) - 7 = 7 + 1 + 49 - 7 = 50$

16

$$41.5 + 7.62 + 6^3 - 29$$

① 236.12
② 237.14
③ 238.15
④ 239.11

 $41.5 + 7.62 + 6^3 - 29 = 41.5 + 7.62 + 216 - 29 = 236.12$

17

$$70 \div 5 - 8 \times \sin 30°$$

① 4
② 6
③ 8
④ 10

 $70 \div 5 - 8 \times \sin 30° = 70 \div 5 - 8 \times \dfrac{1}{2} = 10$

18

$$(2.55 + 33.45) \div 6$$

① 6　　　　　　　　　　② 7

③ 8　　　　　　　　　　④ 9

 $(2.55 + 33.45) \div 6 = 36 \div 6 = 6$

19

$$98000 \div 20 + 5138$$

① 9872　　　　　　　　② 10038

③ 23514　　　　　　　　④ 31584

 $98000 \div 20 + 5138 = 10038$

20

$$65.18 \times 56.14 - 54.84$$

① 1984.5138　　　　　② 2654.4868

③ 3604.3652　　　　　④ 4238.5485

 $(65.18 \times 56.14) - 54.84 = 3659.2052 - 54.84 = 3604.3652$

21

$$2^5 - 2^3 + 2$$

① 23　　　　　　　　　② 24

③ 25　　　　　　　　　④ 26

 $2^5 - 2^3 + 2 = 32 - 8 + 2 = 26$

22

$$\frac{3}{5} \times \frac{\sqrt[3]{27}}{\sqrt{144}} + \frac{17}{20}$$

① 1

② 2

③ 3

④ 4

 $\frac{3}{5} \times \frac{\sqrt[3]{27}}{\sqrt{144}} + \frac{17}{20} = \frac{3}{5} \times \frac{3}{12} + \frac{17}{20} = 1$

23

$$21 + 2^3 \div 5 - 3.15$$

① 18.36

② 19.45

③ 20.52

④ 21.76

 $21 + 2^3 \div 5 - 3.15 = 19.45$

24

$$3 + \frac{2}{7} \times \frac{3}{7}$$

① $\frac{73}{51}$

② $\frac{38}{27}$

③ $\frac{153}{49}$

④ $\frac{47}{256}$

 사칙연산은 덧셈, 뺄셈보다 곱셈, 나눗셈을 먼저 계산한다.

$3 + (\frac{2}{7} \times \frac{3}{7}) = 3 + \frac{6}{49} = (3 \times \frac{49}{49}) + \frac{6}{49} = \frac{147}{49} + \frac{6}{49} = \frac{147 + 6}{49} = \frac{153}{49}$

ANSWER 〉 18.① 19.② 20.③ 21.④ 22.① 23.② 24.③

25

$$\{(0.6452 + 1.5548) - 0.2\} \times 8$$

① 10　　　　　　　　　　② 12
③ 14　　　　　　　　　　④ 16

 $\{(0.6452 + 1.5548) - 0.2\} \times 8 = (2.2 - 0.2) \times 8 = 16$

26

$$5^2 + 6^2 - 7^2$$

① 12　　　　　　　　　　② 13
③ 14　　　　　　　　　　④ 15

 $5^2 + 6^2 - 7^2 = 25 + 36 - 49 = 12$

27

$$3 + 4 - 5 \times 6$$

① -15　　　　　　　　② -23
③ -36　　　　　　　　④ -42

 사칙연산은 덧셈, 뺄셈보다 곱셈, 나눗셈을 먼저 계산한다.
$3 + 4 - (5 \times 6) = 3 + 4 - 30 = -23$

28~35 다음 계산식 중 괄호 안에 들어갈 알맞은 수를 고르시오.

28

$$86 - (\quad) \div 3 = 54$$

① 84 ② 90

③ 96 ④ 102

(Tip) $86 - (96) \div 3 = 54$

29

$$\{(3 - 6) \times 2\} \times (\quad) = 6$$

① -2 ② -1

③ 1 ④ 2

(Tip) $\{(3 - 6) \times 2\} \times (-1) = 6$

30

$$31 \times 2^5 \div (\quad) = 248$$

① 2^1 ② 2^2

③ 2^3 ④ 2^4

(Tip) $31 \times 2^5 \div (4) = 248$

31

$$\frac{7}{4} \div (\quad) \times 4.8 = 1.2$$

① 1   ② 3

③ 5   ④ 7

 $\frac{7}{4} \div (\,7\,) \times 4.8 = 1.2$

32

$$2^5 \times 3^2 \div (\quad) = 24$$

① 8   ② 12

③ 9   ④ 15

 $2^5 \times 3^2 \div (12) = 24$

33

$$72 - (\quad) \times 2 + 3.5 = 25.5$$

① 25   ② 28

③ 30   ④ 32

$72 - (25) \times 2 + 3.5 = 25.5$

34

$$21 + 2^6 \times 3^2 \div (\quad) = 57$$

① 15

② 16

③ 17

④ 18

(Tip)
$21 + 2^6 \times 3^2 \div (\quad) = 57$

$2^6 \times 3^2 \div (\quad) = 36$

$(\quad) = \dfrac{2^6 \times 3^2}{36} = 16$

35

$$\{(\quad) + 21\} \div 28 = 5$$

① 117

② 118

③ 119

④ 120

(Tip)
$(119 + 21) \div 28 = 140 \div 28 = 5$

ANSWER 〉 31.④   32.②   33.①   34.②   35.③

┃36~50 ┃ 다음 주어진 수의 대소 관계를 바르게 비교한 것을 고르시오.

36

$$A : (-4)^2 - \sqrt[3]{2^6} + 8.7 \qquad\qquad B : 225^{\frac{1}{2}} + 4^{\frac{1}{2}} + 3$$

① A > B　　　　　　　　　② A < B
③ A = B　　　　　　　　　④ 알 수 없다.

$A : (-4)^2 - \sqrt[3]{2^6} + 8.7 = 16 - 4 + 8.7 = 20.7$
$B : 225^{\frac{1}{2}} + 4^{\frac{1}{2}} + 3 = 15 + 2 + 3 = 20$
$\therefore A > B$

37

A : 십삼각형일 때 한 꼭짓점에서 그을 수 있는 대각선의 개수
B : 육각형일 때 모든 꼭짓점에서 그을 수 있는 대각선의 총 개수

① A > B　　　　　　　　　② A < B
③ A = B　　　　　　　　　④ 알 수 없다.

• n각형일 때 한 꼭짓점에서 그을 수 있는 대각선의 개수 : n − 3개
• n각형일 때 모든 꼭짓점에서 그을 수 있는 대각선의 총 개수 : $\dfrac{n(n-3)}{2}$개
A = 10개　B = 9개
$\therefore A > B$

38

$$A : \frac{11}{3} + 0.2 - \frac{9}{4} \qquad\qquad B : \frac{7}{4} - 1 + \frac{11}{12}$$

① A > B　　　　　　　　　② A < B
③ A = B　　　　　　　　　④ 알 수 없다.

$A : \dfrac{11}{3} + 0.2 - \dfrac{9}{4} = \dfrac{220}{60} + \dfrac{12}{60} - \dfrac{135}{60} = \dfrac{97}{60}$
$B : \dfrac{7}{4} - 1 + \dfrac{11}{12} = \dfrac{105}{60} - \dfrac{60}{60} + \dfrac{55}{60} = \dfrac{100}{60}$
$\therefore A < B$

39

$$A : 3\frac{7}{5} - \frac{1}{2^2} \qquad\qquad B : 3\frac{17}{20} + 0.3$$

① A > B   ② A < B

③ A = B   ④ 알 수 없다.

$A : 3\frac{7}{5} - \frac{1}{2^2} = \frac{22}{5} - \frac{1}{4} = \frac{83}{20}$

$B : 3\frac{17}{20} + 0.3 = \frac{77}{20} + \frac{6}{20} = \frac{83}{20}$

$\therefore A = B$

40

$$A : 3^{-2} + 2 \qquad\qquad B : \frac{7}{2^3} + 1.25$$

① A > B   ② A < B

③ A = B   ④ 알 수 없다.

$A : 3^{-2} + 2 = \frac{19}{9} = \frac{152}{72}$ $B : \frac{7}{2^3} + 1.25 = \frac{17}{8} = \frac{153}{72}$

$\therefore A < B$

41

$2a < 3b+7$일 때,

$A : a+b+7$ $B : 4b-a$

① $A > B$ ② $A < B$

③ $A = B$ ④ 알 수 없다.

 $2a-3b < 7$
$A-B = 2a-3b+7 < 14$
∴ A와 B의 대소를 비교할 수 없다.

42

$3a = b+21$일 때,

$A : 5a+2b-7$ $B : 2a+3b+14$

① $A > B$ ② $A < B$

③ $A = B$ ④ 알 수 없다.

 $A-B = 3a-b-21 = 0$
∴ $A = B$

43

A : 5시와 6시 사이에 시침과 분침이 만날 때의 분

B : 28

① $A > B$ ② $A < B$

③ $A = B$ ④ 알 수 없다.

 5시와 6시 사이에 시침과 분침이 만날 때를 5시 A분이라고 할 때,

12시를 기준으로 시침의 각도는 $150+30 \times \dfrac{A}{60}$, 분침의 각도는 $6A$이므로

$150+30 \times \dfrac{A}{60} = 6A$

$A = 27.2727 \cdots$ 이므로 $A < B$

44

> A : 정팔면체의 모서리 수를 X, 꼭짓점 수를 Y라고 할 때, $3X+5Y$의 값
> B : 144와 360의 최대공약수

① $A > B$ ② $A < B$
③ $A = B$ ④ 알 수 없다.

 A : 정팔면체의 모서리 수는 12, 꼭짓점 수는 6이므로 $3X+5Y=66$
B : $144 = 2^4 \times 3^2$, $360 = 2^3 \times 3^2 \times 5$ 이므로 최대공약수는 $2^3 \times 3^2 = 72$
$\therefore A < B$

45

> A : 1, 2, 3, 4가 각각 적힌 카드 네 장을 한 번씩 사용하여 세 자리 수를 만들 때
>   140 이상이 되는 경우의 수
> B : 21

① $A > B$ ② $A < B$
③ $A = B$ ④ 알 수 없다.

 1□□일 때 140 이상인 경우는 142, 143이고,
2□□, 3□□, 4□□은 무조건 140 이상이므로 $3(3 \times 2) = 18$
$\therefore$ 총 경우의 수는 20이므로 $A < B$

46

$$A : \dfrac{12}{5} \qquad\qquad B : 2.123$$

① $A > B$ ② $A < B$

③ $A = B$ ④ 알 수 없다.

(Tip)
$A : \dfrac{12}{5} = 2.4$

$B : 2.123$

$\therefore A > B$

47

$$A : 3할5푼 \qquad\qquad B : \dfrac{4}{5}$$

① $A > B$ ② $A < B$

③ $A = B$ ④ 알 수 없다.

(Tip)
$A : 3할5푼 = 0.35$

$B : \dfrac{4}{5} = 0.8$

$\therefore A < B$

48

$$A : \dfrac{24}{200} \qquad\qquad B : 1할2푼$$

① $A > B$ ② $A < B$

③ $A = B$ ④ 알 수 없다.

(Tip)
$A : \dfrac{24}{200} = 0.12$

$B : 1할2푼 = 0.12$

$\therefore A = B$

49

$$A : (0.18 + 1.14) \times 2 \qquad\qquad B : 5 + 2 \times \frac{1}{2}$$

① $A > B$ ② $A < B$

③ $A = B$ ④ 알 수 없다.

> (Tip) $A : (0.18 + 1.14) \times 2 = 1.32 \times 2 = 2.64$
>
> $B : 5 + (2 \times \frac{1}{2}) = 5 + 1 = 6$
>
> $\therefore A < B$

50

$$A : 1^2 + 2^3 + 3^4 \qquad\qquad B : 850 \times \frac{1}{10} + 5$$

① $A > B$ ② $A < B$

③ $A = B$ ④ 알 수 없다.

> (Tip) $A : 1^2 + 2^3 + 3^4 = 1 + 8 + 81 = 90$
>
> $B : (850 \times \frac{1}{10}) + 5 = 85 + 5 = 90$
>
> $\therefore A = B$

51 밑면의 세로가 $5cm$이고, 밑면의 넓이가 $30cm^2$ 직육면체가 있다. 직육면체의 높이가 $5cm$일 때, 다음 중 밑면의 가로의 길이와 직육면체의 부피로 적절히 묶인 것은?

① $3cm, 120cm^3$ ② $4cm, 130cm^3$

③ $5cm, 140cm^3$ ④ $6cm, 150cm^3$

 ㉠ 밑면의 가로를 x라 하면, $5 \times x = 30$ $\therefore x = 6cm$
ㄴ 직육면체의 부피 = 밑면의 넓이 × 높이

$\therefore 30 \times 5 = 150cm^3$

52 강을 따라 현재 지점으로부터 46km 떨어진 지점을 배를 타고 내려가려고 한다. 강물이 흘러가는 속력이 1.5km/h이고, 내려 갈 때 4시간이 걸린다면 배의 속력은? (단, 배의 속력은 일정하다.)

① 10km/h   ② 11km/h

③ 12km/h   ④ 13km/h

 배의 속력을 x라 하면,
$4 \times (1.5 + x) = 46$
$\therefore x = 10km/h$

53 서원이가 108개의 구슬을 꿰는 데 18시간이 소요되고 소정이가 구슬을 꿰는 데 36시간이 걸린다. 서원이와 소정이가 108개의 구슬을 함께 꿰는 데 소요되는 시간은 얼마인가?

① 12시간   ② 15시간

③ 18시간   ④ 21시간

• 서원이가 1시간에 꿰는 구슬의 개수는 $\dfrac{108}{18} = 6$개

• 소정이가 1시간에 꿰는 구슬의 개수는 $\dfrac{108}{36} = 3$개

• 둘이 함께 108개의 구슬을 꿰는 데 소요되는 시간을 x라 하면,
$6x + 3x = 108$
$\therefore x = 12$시간

54 종민이가 처음 5,000원, 태현이가 2,000원을 입금하여 매달 종민이는 800원씩, 태현이는 2,000원씩 예금을 할 예정이다. 태현이가 종민이의 예금액의 2배가 되는 것은 몇 개월 후 인가?

① 14개월 후

② 16개월 후

③ 18개월 후

④ 20개월 후

 태현이가 종민이의 예금액의 2배가 되는 시기를 x라 하면,

$2,000 + 2,000x = 2(5,000 + 800x)$

$\therefore x = 20$개월

55 수요일에 비가 오고, 금요일에 비가 올 확률은 $\frac{5}{18}$이다. 비가 온 다음 날 비가 올 확률은 $\frac{1}{3}$일 때, 비가 오지 않은 다음 날 비가 올 확률은?

① $\frac{1}{4}$

② $\frac{1}{5}$

③ $\frac{1}{6}$

④ $\frac{1}{7}$

• 목요일에 비가 오고, 금요일에 비가 올 확률 : $\frac{1}{3} \times \frac{1}{3} = \frac{1}{9}$

• 목요일에 비가 오지 않고, 금요일에 비가 올 확률 : $\frac{2}{3} \times x$

• 따라서 금요일에 비가 올 확률은 $\frac{1}{9} + \frac{2}{3}x = \frac{5}{18}$

$\therefore x = \frac{1}{4}$

56 1초에 $40m$의 거리를 달리는 기차가 터널을 완전히 통과하는데 60초가 걸렸다. 터널의 길이가 2,350m라면 기차의 길이는 몇 m인가?

① 30m ② 40m

③ 50m ④ 60m

 이 기차가 60초 동안 달린 거리는

$40m \times 60초 = 2,400m$

기차의 길이를 x라고 하면,

터널을 완전히 빠져 나오기 위해 기차가 달려야 하는 거리는 $2,350+x$

따라서 $2,400m-2,350m=x$ ∴ $x=50m$

57 8%의 소금물 150g에 소금 xg을 섞었더니 31%의 소금물이 되었다. 추가된 소금의 양은 얼마인가?

① 20g   ② 30g

③ 40g   ④ 50g

 $\dfrac{12+x}{150+x} = \dfrac{31}{100}$

∴ $x=50(g)$

58 수용이는 선생님의 심부름으로 15%의 식염수 300g을 과학실로 옮기던 도중 넘어져서 100g을 쏟았다. 들키지 않기 위해 물 100g을 더 첨가하여 과학실에 가져다 두었다. 식염수의 농도는 얼마인가?

① 10%   ② 11%

③ 12%   ④ 13%

 식염수의 질량이 줄었어도 농도가 줄어든 것은 아니므로 15% 식염수 200g에 물 100g을 첨가한 것으로 계산하면 된다.

$\dfrac{30}{200+100} \times 100 = 10\%$

59 A팀 후보 6명, B팀 후보 4명 중 국가대표 선수 두 명을 뽑는다. 뽑힌 두 명의 선수가 같은 팀일 확률은 얼마인가? (소수점 셋째자리에서 반올림하시오.)

① 0.47

② 0.5

③ 0.53

④ 0.56

 뽑힌 두 명의 선수가 같은 팀일 경우는 두 명 모두 A팀이거나, 모두 B팀인 경우이다.

$$\therefore \frac{{}_6C_2 + {}_4C_2}{{}_{10}C_2} = \frac{\frac{6 \times 5}{2 \times 1} + \frac{4 \times 3}{2 \times 1}}{\frac{10 \times 9}{2 \times 1}} = \frac{15+6}{45} = 0.46666 \cdots \fallingdotseq 0.47$$

60 어떤 학교의 운동장은 둘레의 길이가 200m이다. 경석이는 자전거를 타고, 나영이는 뛰어서 이 운동장을 돌고 있다. 두 사람이 같은 지점에서 동시에 출발하여 같은 방향으로 운동장을 돌면 1분 40초 뒤에 처음으로 다시 만나고, 서로 반대 방향으로 돌면 40초 뒤에 처음으로 다시 만난다. 경석이의 속력은 나영이의 속력의 몇 배인가?

① $\frac{3}{7}$ 배

② $\frac{1}{2}$ 배

③ $\frac{7}{3}$ 배

④ $\frac{8}{3}$ 배

 경석이의 속력을 x, 나영이의 속력을 y라 하면

$\begin{cases} 40x + 40y = 200 \Rightarrow x + y = 5 & \cdots \ \text{㉠} \\ 100(x-y) = 200 \Rightarrow x - y = 2 & \cdots \ \text{㉡} \end{cases}$ 이므로 두 식을 연립하면 $x = \frac{7}{2}$, $y = \frac{3}{2}$

따라서 경석이의 속력은 나영이의 속력의 $\frac{7}{3}$ 배이다.

61 다음과 같은 시계가 있다. 3시와 4시 사이에 시계의 분침과 시침이 일치하는 시각을 구하시오.

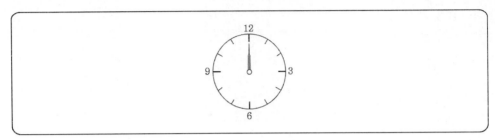

① 3시 $\dfrac{175}{11}$ 분

② 3시 $\dfrac{180}{11}$ 분

③ 3시 $\dfrac{185}{11}$ 분

④ 3시 $\dfrac{190}{11}$ 분

분침은 1시간에 한 바퀴, 360°를 도니까 1분이면 $\dfrac{360°}{60}=6°$

분침이 x분 동안 움직인 각도 $=6x$

시침은 1시간에 숫자 한 칸을 움직이니까 1분이면 $\dfrac{30°}{60}=0.5°$

시침이 x분 동안 움직인 각도 $=0.5x$

3시일 때 분침이 움직인 각도는 0°이며 시침이 움직인 각도는 90°이다. 3시가 된 이후로는 분침과 시침이 각각 움직이는데 두 바늘이 12시를 향하고 있을 때부터 일치할 때까지 움직인 각도가 같으므로 다음과 같은 식이 성립한다.

$6x=90+0.5x$

$12x=180+x$

$11x=180$

$x=\dfrac{180}{11}$

$\therefore$ 3시 $\dfrac{180}{11}$ 분

62 서원산에는 등산로 A와 A보다 2km 더 긴 등산로 B가 있다. 민경이가 하루는 등산로 A로 올라갈 때는 시속 2km, 내려올 때는 시속 6km의 속도로 등산을 했고, 다른 날은 등산로 B로 올라갈 때는 시속 3km, 내려올 때는 시속 5km의 속도로 등산을 했다. 이틀 모두 동일한 시간에 등산을 마쳤을 때, 등산로 A, B의 거리의 합은?

① 16km

② 18km

③ 20km

④ 22km

등산로 A의 거리를 $a$km, 등산로 B의 거리를 $(a+2)$km라 하면

$$\frac{a}{2}+\frac{a}{6}=\frac{a+2}{3}+\frac{a+2}{5} \text{이므로}$$

$a=8$km

∴ 등산로 A와 B의 거리의 합은 18km

63 갑, 을, 병 각자는 동일한 개수의 풍선을 불고 있다. 갑이 모든 풍선을 다 불었을 때, 을은 30개, 병은 42개가 남아 있었다. 을이 모든 풍선을 다 불었을 때, 병은 아직 18개가 남아 있었다. 각각 작업의 속도가 일정하다고 할 때, 처음 풍선의 개수는 총 몇 개였는가?

① 150개

② 210개

③ 250개

④ 270개

 풍선의 개수를 x라 하면,

갑이 작업을 바쳤을 때 을은 $x-30$, 병은 $x-42$개가 된다.

을이 남은 30개를 다 부는 동안 병은 24개의 풍선을 불었으므로

$x-30 : x-42 = 30 : 24$

∴ $x=90$

$90 \times 3 = 270$이다.

64 티셔츠 7장을 7달러 98센트를 주고 샀다. 티셔츠 한 장의 가격은 얼마인가?

① 104센트

② 1달러 4센트

③ 1달러 14센트

④ 124센트

 7달러 98센트 = 798센트

$798 \div 7 = 114$(센트)

∴ 티셔츠 한 장의 가격은 114센트이다.

65 어른 한명이 하면 8일이 걸리고, 어린이 한 명이 하면 12일이 걸려서 끝낼 수 있는 일이 있다. 어른과 어린이를 합하여 10명이 이 일을 하루 만에 끝내려고 할 때, 어른은 몇 명 이상이 필요한가?

① 3명   ② 4명

③ 5명   ④ 6명

 전체 일의 양을 1이라 하면

어른 1명이 하루에 할 수 있는 일의 양은 $\frac{1}{8}$ 이고, 어린이 1명이 하루에 할 수 있는 양은 $\frac{1}{12}$ 이다.

어른이 x 명이라고 하면

$$\frac{1}{8}x + \frac{1}{12}(10-x) \geq 1$$

$$\therefore x \geq 4$$

66 길이가 300m인 화물열차가 어느 다리를 건너는 데 60초가 걸리고, 길이가 150m인 새마을호는 이 다리를 화물열차의 2배의 속력으로 27초 안에 통과한다. 이 때, 다리의 길이는?

① 1km   ② 1.2km

③ 1.4km   ④ 1.5km

 열차의 속력 x, 다리의 길이 y

$$60x = 300 + y$$

$$2 \times 27x = 150 + y$$

$$\therefore y = 1,200(\text{m})$$

67 정가가 x원인 식품을 15% 할인한 가격이 3,400원이라고 한다. 정가는 얼마인가?

① 1,250원   ② 2,800원

③ 3,500원   ④ 4,000원

 $$x - \left(x \times \frac{15}{100}\right) = 3,400$$

$$x - 0.15x = 3,400$$

$$0.85x = 3,400$$

$$\therefore x = 4,000(\text{원})$$

68 축척이 $\dfrac{1}{500}$ 인 축도에서 가로가 4cm, 세로가 5cm인 직사각형 모양의 땅이 있다. 이 땅의 실제 넓이는?

① 200㎠

② 200㎡

③ 500㎠

④ 500㎡

 실제의 길이 = 축도에서의 길이 ÷ 축척

가로 길이 $= 4 \div \dfrac{1}{500} = 2,000 = 20\,(\text{m})$

세로 길이 $= 5 \div \dfrac{1}{500} = 2,500 = 25\,(\text{m})$

$20 \times 25 = 500\,(\text{m}^2)$

69 연필 한 자루의 가격은 30센트이고, 공책 한 권의 가격은 45센트이다. 가지고 있는 돈이 5달러일 때, 연필 2자루와 공책 3권을 사고 남은 돈은 얼마인가?

① 3달러

② 3달러 5센트

③ 3달러 50센트

④ 4달러

 $30 \times 2 = 60$(센트)

$45 \times 3 = 135$(센트)

$60 + 135 = 195$(센트)

1달러 = 100센트이므로, 가지고 있는 돈은 500센트가 된다.

$500 - 195 = 305$(센트)

∴ 3달러 5센트가 남는다.

70 10개의 제비 중 3개의 당첨 제비가 들어있다. 세 명이 순서대로 제비를 뽑을 때, 적어도 한 명은 당첨될 확률은? (단, 뽑은 제비는 다시 넣지 않는다)

① $\dfrac{5}{12}$

② $\dfrac{7}{12}$

③ $\dfrac{2}{3}$

④ $\dfrac{17}{24}$

 $\dfrac{7}{10} \times \dfrac{6}{9} \times \dfrac{5}{8} = \dfrac{210}{720} = \dfrac{7}{24}$

$1 - \dfrac{7}{24} = \dfrac{17}{24}$

71 12명의 학생이 있다. 이 가운에 9명의 점수의 총합은 630이고, 나머지 3명 중 두 명의 평균은 84, 다른 한 명의 점수가 11명의 평균보다 16점이 높다고 한다. 학생 12명의 평균 점수는 약 얼마인가?

① 70점

② 74점

③ 86점

④ 90점

 나머지 한 명의 점수를 x라 하면 $x = \dfrac{630 + (84 \times 2)}{11} + 16$

$\therefore x ≒ 88.5$

그러므로 학생 12명의 평균점수는 $\dfrac{630 + 168 + 88.5}{12} = 73.875$이다.

72 어떤 모임에서 참가자에게 귤을 나누어 주는데 1명에게 5개씩 나누어 주면 3개가 남고, 6개씩 나누어주면 1명만 4개보다 적게 받게된다. 참가자는 적어도 몇 명인가?

① 2인   ② 6인

③ 9인   ④ 10인

(Tip) 참가자의 수를 x라 하면
전체 귤의 수는 $5x+3$, 6개씩 나누어 주면 1명만 4개보다 적게 되므로
$(5x+3)-\{6\times(x-1)\}<4$
$-x<-5$
$x>5$
∴ 참가자는 적어도 6인이 있다.

73 어느 버스 터미널에서 A버스는 12분마다, B버스는 18분마다 출발한다. 운행시간이 7~9시일 때 두 버스가 동시에 출발하는 것은 몇 번인가?

① 2번   ② 3번

③ 4번   ④ 5번

(Tip) A버스는 12분마다, B버스는 18분마다 출발하므로 12와 18의 최소공배수를 구하면 36이된다. 오전 7시에서 9시까지의 시간이 $2\times60=120$분이므로 같이 출발하는 것은 4번이다(7시, 7시 36분, 8시 12분, 8시 48분).

74 A명이 36시간 동안 해야 끝나는 작업을 12시간 안에 마치려고 한다. 이때 필요한 인원수는?

① A ② $2A$

③ $3A$ ④ $6A$

(Tip) 작업시간이 36시간에서 12시간으로 $\frac{1}{3}$로 단축되므로 인원은 그 3배가 동원되어야 한다.

ANSWER 〉 70.④ 71.② 72.② 73.③ 74.③

75 일정한 속력으로 달리는 버스가 Am의 터널을 통과하는데 5초 걸리고, Bm의 철교를 지나는데 9초가 걸린다. 이때 버스의 길이는?

① $\dfrac{A+B}{13}$

② $\dfrac{5(A+B)}{4}$

③ $\dfrac{5B-9A}{4}$

④ $\dfrac{9B-5A}{4}$

 버스의 길이를 x m라 할 때, 버스가 터널을 통과할 때 가는 거리는 $(x+A)$ m이고, 철교를 지날 때 가는 거리는 $(x+B)$ 이다.

㉠ 터널을 지날 때의 속력 : $\dfrac{x+A}{5}$ (m/s)

㉡ 철교를 지날 때의 속력 : $\dfrac{x+B}{9}$ (m/s)

버스의 속력이 일정하므로 $\dfrac{x+A}{5}$ (m/s) $=\dfrac{x+B}{9}$ (m/s)

$\therefore\ x=\dfrac{5B-9A}{4}$

76 A%의 설탕물 Bg에 설탕 Cg을 넣었을 경우 농도는 얼마인가?

① $\dfrac{AB+100C}{B+C}$

② $\dfrac{100ABC}{B+C}$

③ $\dfrac{(A+B+C)100}{B}$

④ $\dfrac{AC+BC}{B+C}$

 $A\%$ 설탕물 Bg의 설탕 양은 $\dfrac{A}{100}\times B=\dfrac{AB}{100}$ 이며, Cg의 설탕을 더 넣은 설탕물의 농도는

$\dfrac{AB+100C}{B+C}$ 이다.

77 1개의 동전을 A번 던졌을 때 A번 모두 앞면이 나올 확률은?

① $\dfrac{1}{2}A$

② $A^{\frac{1}{2}}$

③ A^2

④ $\left(\dfrac{1}{2}\right)^A$

 동전의 앞면이 나올 확률은 $\dfrac{1}{2}$이다.

∴ A번 연속으로 나올 확률은 $\left(\dfrac{1}{2}\right)^A$

78 두 사람의 작업자가 어떤 일을 하는데, A는 숙련자이기 때문에 X시간이 걸리지만, B는 비숙련자이기 때문에 Y시간이 걸린다고 할 때 두 사람이 그 일을 가장 짧은 시간에 끝내기 위해서 같이 일을 한다면 몇 분만에 끝마칠 수 있겠는가?

① $\dfrac{XY}{X+Y}+30(X+Y)$

② $30(X+Y)$

③ $\dfrac{X^2+2XY+Y^2}{XY}$

④ $\dfrac{60XY}{X+Y}$

 분당 A의 일의 양은 $\dfrac{1}{60X}$, 분당 B의 일의 양은 $\dfrac{1}{60Y}$이므로 A와 B가 함께 일한다면

$\dfrac{1}{60X}+\dfrac{1}{60Y}=\dfrac{X+Y}{60XY}$이다.

∴ 걸린 시간은 $\dfrac{1}{\dfrac{X+Y}{60XY}}=\dfrac{60XY}{X+Y}$

ANSWER 〉 75.③ 76.① 77.④ 78.④

79 현재 우리나라의 연간 용수 공급량은 X톤이며, 용수 수요량은 Y톤이라고 한다. 그러나, 용수 공급량은 매년 A톤씩 감소하는 반면에, 용수 수요량은 매년 B톤씩 증가한다고 할 때, 용수 공급량이 용수 수요량보다 부족하여 물 부족이 예상되는 시기는 앞으로 몇 년 후인가?

① $\dfrac{X-Y}{A+B}$ ② $\dfrac{X-Y}{B}$

③ $\dfrac{X-Y}{A}$ ④ $\dfrac{X+Y}{A+B}$

 수요량과 공급량이 같아지는 때를 구하여야 하므로 구하고자 하는 연도를 a라 하면

$(aB+Y)-(X-aA)=0$

$a(B+A)=X-Y$

$\therefore\ a=\dfrac{X-Y}{(A+B)}$

80 A, B, C 세 사람이 한 시간 동안 일을 하는데, A와 B가 함께 일을 하면 X개의 제품을 생산하고, A와 C가 함께 일을 하면 Y개의 제품을 생산하며, B와 C가 함께 일을 하면 Z개의 제품을 생산한다고 한다. A, B, C가 같이 일을 한다면 한 시간 동안 생산하는 제품의 수는?

① $X+Y+Z$ ② $\dfrac{(X+Y+Z)}{2}$

③ $\dfrac{(X+Y+Z)}{3}$ ④ $\dfrac{(2X+2Y+2Z)}{3}$

 주어진 조건에 따라 작업량을 구해보면

$A+B=X,\ A+C=Y,\ B+C=Z$

$X+Y+Z=A+B+A+C+B+C$

$X+Y+Z=2(A+B+C)$

$\therefore\ A+B+C=\dfrac{X+Y+Z}{2}$

81 다음은 지방섭취량과 혈중 납량의 관계 그래프이다. 이에 대한 설명으로 옳지 않은 것은?

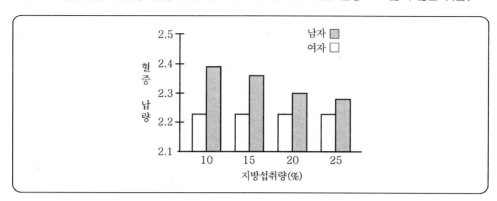

① 지방섭취량과 혈중 납량은 반비례의 관계이다.

② 남자의 경우 적절한 지방섭취는 혈액 중의 납 농도를 감소시킨다.

③ 여자의 경우 지방의 적정 권장량을 먹는 사람(25% 지방섭취량)이 10% 정도로 적게 섭취하는 사람과 혈중 납이 비슷한 결과를 보인다.

④ 남자의 경우 지방의 적정 권장량을 먹는 사람(25% 지방섭취량)이 10% 정도로 적게 섭취하는 사람보다 혈중 납이 줄어드는 결과를 보인다.

 남자의 경우 지방섭취량이 증가할수록 혈중 납 농도가 감소하나 여자의 경우 혈중 납 농도는 지방섭취량에 관계없이 일정하다.

82 다음은 2011년도 주요세목 체납정리 현황을 표로 나타낸 자료이다. 주어진 표를 그래프로 나타낸 것으로 옳지 않은 것은?

분야 \ 구분 \ 세목	소득액	법인세	부가가치세
현금정리 건수(건)	398,695	35,947	793,901
현금정리 금액(억 원)	7,619	3,046	29,690
현금정리 건당금액(만 원)	191	847	374
결손정리 건수	86,383	9,919	104,913
결손정리 금액	21,314	5,466	16,364
결손정리 건당금액	2,467	5,511	1,560
기타정리 건수	19,218	1,000	70,696
기타정리 금액	2,507	318	3,201
기타정리 건당금액	1,305	3,180	453
미정리 건수	322,349	22,265	563,646
미정리 금액	10,362	3,032	17,815
미정리 건당금액	321	1,362	316

① **부가가치세 체납액정리 현황**

② 소득세 세납액정리 현황

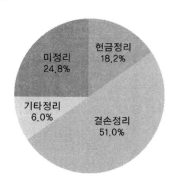

③ 주요 세목별 체납정리 금액

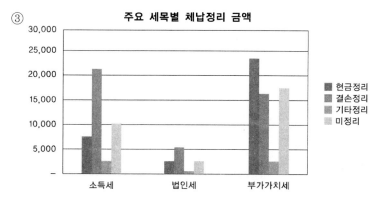

④ 주요 세목별 체납정리 건수

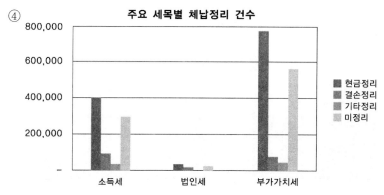

Tip ③ 현금정리 된 부가가치세는 29,690억 원으로 그래프에 잘못 표기되었다.

ANSWER 〉 82.③

83 다음은 2010~2014년 전체 산업과 보건복지산업 취업자 수를 표로 나타낸 것이다. 주어진 표를 그래프로 나타낸 것으로 옳은 것은?

(단위 : 천 명)

연도 산업 구분	2010	2011	2012	2013	2014
전체 산업	24,861	24,900	25,617	26,405	27,189
보건복지산업	1,971	2,127	2,594	2,813	3,187
보건업 및 사회복지서비스업	1,153	1,286	1,379	1,392	1,511
기타 보건복지산업	818	841	1,215	1,421	1,676

①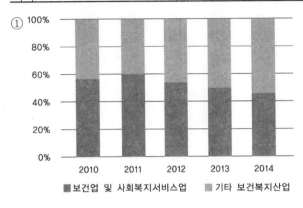

②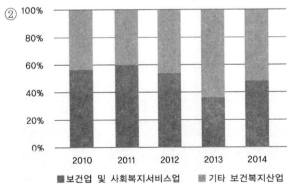

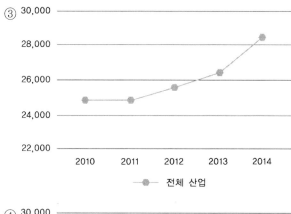

③

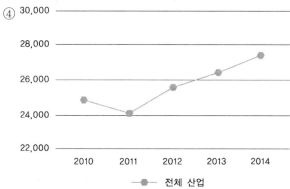

④

② 2013년도의 비율이 잘못되었다.
③ 2014년도의 전체 산업 취업자 수는 27,189천 명이다.
④ 2011년도의 전체 산업 취업자 수는 24,900천 명으로 2010년도 보다 증가한다.

84 자료에 대한 분석으로 옳은 것은?

〈고령 인구 규모 및 추이〉 (단위 : 천 명)			
구분	2000년	2005년	증가율(%)
총인구	45,125	47,345	4.9
65세 이상	3,371	4,365	29.5
성별 남자	1,287	1,736	34.9
성별 여자	2,084	2,629	26.1
지역 도시	2,001	2,747	37.2
지역 농촌	1,370	1,618	18.1

〈지역별 고령 인구 비율〉 (단위 : %)

21 / 18.6 농촌 / 14.7 / 14 / 7.2 도시 / 7 / 5.5 / 0 / 2000 / 2005 (년)

① 도시의 고령화가 농촌보다 빠르게 진행되었다.

② 도시 지역은 2000년에 고령화 단계에 진입하였다.

③ 총 인구 수보다 고령 인구 수가 더 많이 증가하였다.

④ 여성 고령자의 비중이 더 크지만 증가율은 남성이 더 높다.

① 전체 인구에 대한 고령 인구의 비율 즉, 고령화 정도는 농촌이 도시보다 빠르게 진행되고 있다.

② 전체 인구 중 고령 인구가 차지하는 비율이 7%, 14%, 21% 이상이면 각각 고령화 사회, 고령 사회, 초고령 사회라고 한다.

③ 총 인구 수는 222만 명, 고령 인구(65세 이상) 수는 99만 4천 명 증가하였다.

85 표는 갑국의 학력별, 성별 평균 임금을 비교한 것이다. 이에 대한 옳은 분석을 〈보기〉에서 고른 것은? (단, 고졸 평균 임금은 2010년보다 2012년이 많다.)

구분	2010년	2012년
중졸 / 고졸	0.78	0.72
대졸 / 고졸	1.20	1.14
여성 / 남성	0.70	0.60

〈보기〉
㉠ 2012년 중졸 평균 임금은 2010년에 비해 감소하였다.
㉡ 2012년 여성 평균 임금은 2010년에 비해 10 % 감소하였다.
㉢ 2012년 남성의 평균 임금은 여성 평균 임금의 2배보다 적다.
㉣ 중졸과 대졸 간 평균 임금의 차이는 2010년보다 2012년이 크다.

① ㉠㉡   ② ㉠㉢
③ ㉡㉢   ④ ㉢㉣

㉢ 2012년 여성 평균 임금이 남성 평균 임금의 60%이므로 남성 평균 임금은 여성 평균 임금의 2배가 되지 않는다.

㉣ 고졸 평균 임금 대비 중졸 평균 임금의 값과 고졸 평균 임금 대비 대졸 평균 임금의 값 간의 차이는 2010년과 2012년에 0.42로 같다. 하지만 비교의 기준인 고졸 평균 임금이 상승하였으므로 중졸과 대졸 간 평균 임금의 차이는 2010년보다 2012년이 크다.

86 다음 자료에 대한 분석으로 옳은 것은?

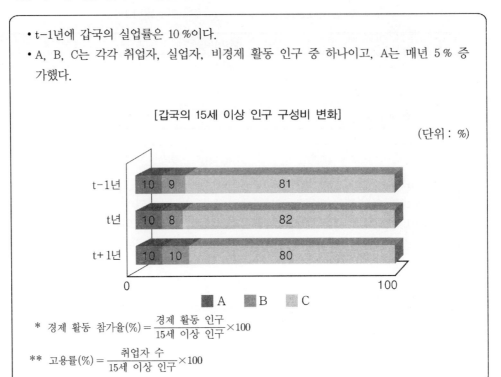

- t−1년에 갑국의 실업률은 10 %이다.
- A, B, C는 각각 취업자, 실업자, 비경제 활동 인구 중 하나이고, A는 매년 5 % 증가했다.

[갑국의 15세 이상 인구 구성비 변화]

(단위 : %)

	A	B	C
t−1년	10	9	81
t년	10	8	82
t+1년	10	10	80

* 경제 활동 참가율(%) = $\dfrac{\text{경제 활동 인구}}{\text{15세 이상 인구}} \times 100$

** 고용률(%) = $\dfrac{\text{취업자 수}}{\text{15세 이상 인구}} \times 100$

① 실업률은 변함이 없다.

② 취업자 수는 t년에 가장 많다.

③ 경제 활동 참가율은 변함이 없다.

④ 비경제 활동 인구는 변함이 없다.

Tip t−1년에 갑국의 실업률이 10 %이므로, A는 비경제 활동 인구, B는 실업자, C는 취업자이다.
③ 모든 연도에서 경제 활동 참가율은 90 %로 변함이 없다.

87 다음의 설문에 대한 응답 결과를 통해 추론할 수 있는 내용으로 가장 타당한 것은?

> • 소득이 감소한다면, 소비 지출을 줄이겠습니까?
> • 소비 지출을 줄인다면, 어떤 부분부터 줄이겠습니까?

(단위 : %)

구분		지출 줄임						줄일 수 없음
		음식료비	외식비	주거관련비	문화여가비	사교육비	기타	
지역	도시	5.8	20.5	15.7	7.1	4.6	26.7	19.6
	농촌	8.6	12.0	18.5	4.9	3.2	18.8	34.0
학력	중졸 이하	9.9	10.4	24.9	4.2	2.1	11.9	36.6
	고졸	5.4	20.2	15.1	7.2	4.8	30.8	16.5
	대졸 이상	4.9	25.9	7.6	8.1	3.5	37.0	13.0

① 도시 지역과 농촌 지역의 소비 행태는 거의 비슷하다.
② 도시 가구는 소득이 감소하면 주거 관련비를 가장 많이 줄인다.
③ 학력이 낮을수록 소득이 감소하면 소비 지출을 더 줄이려는 경향이 있다.
④ 학력 수준에 관계없이 소득 감소가 사교육비에 미치는 영향은 가장 적다.

 ④ 표에서 필수적 생활비는 음식료비와 주거 관련비를 말한다.
소득이 감소할 때 소비 지출을 줄이겠다고 응답한 사람은 농촌보다 도시에서, 학력이 높을수록 높게 나타난다. 지출을 줄이겠다고 응답한 사람들의 항목별 비율에서는 외식비, 주거 관련비를 줄이겠다고 응답한 사람들의 비율이 높은 반면, 사교육비 지출을 줄이겠다는 사람들은 학력에 관계없이 가장 적게 나타나고 있다.

ANSWER 〉 86.③ 87.④

88 다음은 우체국 택배물 취급에 관한 기준표이다. 미영이가 서울에서 포항에 있는 보람이와 설희에게 각각 택배를 보내려고 한다. 보람이에게 보내는 물품은 10kg에 130cm이고, 설희에게 보내려는 물품은 4kg에 60cm이다. 미영이가 택배를 보내는 데 드는 비용은 모두 얼마인가?

(단위 : 원/개)

중량(크기)		2kg까지 (60cm까지)	5kg까지 (80cm까지)	10kg까지 (120cm까지)	20kg까지 (140cm까지)	30kg까지 (160cm까지)
동일지역		4,000원	5,000원	6,000원	7,000원	8,000원
타지역		5,000원	6,000원	7,000원	8,000원	9,000원
제주 지역	빠른(항공)	6,000원	7,000원	8,000원	9,000원	11,000원
	보통(배)	5,000원	6,000원	7,000원	8,000원	9,000원

※ 1) 중량이나 크기 중에 하나만 기준을 초과하여도 초과한 기준에 해당하는 요금을 적용한다.
2) 동일지역은 접수지역과 배달지역이 동일한 시/도이고, 타지역은 접수한 시/도지역 이외의 지역으로 배달되는 경우를 말한다.
3) 부가서비스(안심소포) 이용시 기본요금에 50% 추가하여 부가한다.

① 13,000원　　　　　　　② 14,000원
③ 15,000원　　　　　　　④ 16,000원

 중량이나 크기 중에 하나만 기준을 초과하여도 초과한 기준에 해당하는 요금을 적용한다고 하였으므로, 보람이에게 보내는 택배는 10kg지만 130cm로 크기 기준을 초과하였으므로 요금은 8,000원이 된다. 또한 설희에게 보내는 택배는 60cm이지만 4kg으로 중량기준을 초과하였으므로 요금은 6,000원이 된다.

89 서울시 유료 도로에 대한 자료이다. 산업용 도로 3km의 건설비는 얼마가 되는가?

분류	도로수	총길이	건설비
관광용 도로	5	30km	30억
산업용 도로	7	55km	300억
산업관광용 도로	9	198km	400억
합계	21	283km	730억

① 약 5.5억 원　　　　　　② 약 11억 원
③ 약 16.5억 원　　　　　④ 약 22억 원

 $300 \div 55 = 5.45 \fallingdotseq 5.5$(억 원)이고 3km이므로 $5.5 \times 3 = $ 약 16.5(억 원)

▌90~91▐ 2013년 사이버 쇼핑몰 상품별 거래액에 관한 표이다. 물음에 답하시오.

(단위 : 백만 원)

	1월	2월	3월	4월	5월	6월	7월	8월	9월
컴퓨터	200,078	195,543	233,168	194,102	176,981	185,357	193,835	193,172	183,620
소프트웨어	13,145	11,516	13,624	11,432	10,198	10,536	45,781	44,579	42,249
가전 · 전자	231,874	226,138	251,881	228,323	239,421	255,383	266,013	253,731	248,474
서적	103,567	91,241	130,523	89,645	81,999	78,316	107,316	99,591	93,486
음반 · 비디오	12,727	11,529	14,408	13,230	12,473	10,888	12,566	12,130	12,408
여행 · 예약	286,248	239,735	231,761	241,051	288,603	293,935	345,920	344,391	245,285
아동 · 유아용	109,344	102,325	121,955	123,118	128,403	121,504	120,135	111,839	124,250
음 · 식료품	122,498	137,282	127,372	121,868	131,003	130,996	130,015	133,086	178,736

90 1월 컴퓨터 상품 거래액의 다음 달 거래액과 차이는?

① 4,455백만 원 ② 4,535백만 원

③ 4,555백만 원 ④ 4,655백만 원

 200,078 − 195,543 = 4,535백만 원

91 1월 서적 상품 거래액은 음반 · 비디오 상품의 몇 배인가? (소수 둘째자리까지 구하시오)

① 8.13 ② 8.26

③ 9.53 ④ 9.75

 103,567 ÷ 12,727 = 8.13배

92 다음 표는 A백화점의 판매비율 증가를 나타낸 것으로 전체 평균 판매증가비율과 할인기간의 판매증가비율을 구분하여 표시한 것이다. 주어진 조건을 고려할 때 A~F에 해당하는 순서대로 차례로 나열한 것은?

구분 월별	A 전체	A 할인	B 전체	B 할인	C 전체	C 할인	D 전체	D 할인	E 전체	E 할인	F 전체	F 할인
1	20.5	30.9	15.1	21.3	32.1	45.3	25.6	48.6	33.2	22.5	31.7	22.5
2	19.3	30.2	17.2	22.1	31.5	41.2	23.2	33.8	34.5	27.5	30.5	22.9
3	17.2	28.7	17.5	12.5	29.7	39.7	21.3	32.9	35.6	29.7	30.2	27.5
4	16.9	27.8	18.3	18.9	26.5	38.6	20.5	31.7	36.2	30.5	29.8	28.3
5	15.3	27.7	19.7	21.3	23.2	36.5	20.3	30.5	37.3	31.3	27.5	27.2
6	14.7	26.5	20.5	23.5	20.5	33.2	19.5	30.2	38.1	39.5	26.5	25.5

⊙ 의류, 냉장고, 보석, 핸드백, TV, 가구에 대한 표이다.
ⓛ 가구는 1월에 비해 6월에 전체 평균 판매증가비율이 높아졌다.
ⓒ 냉장고는 3월을 제외하고는 할인기간의 판매증가비율이 전체 평균 판매증가비율보다 크다.
ⓔ 핸드백은 할인기간의 판매증가비율보다 전체 평균 판매증가비율이 더 크다.
ⓜ 1월과 6월을 비교할 때 의류는 전체 평균 판매증가비율의 감소가 가장 크다.
ⓗ 보석은 1월에 전체 평균 판매증가비율과 할인기간의 판매증가비율의 차이가 가장 크다.

① TV – 의류 – 보석 – 핸드백 – 가구 – 냉장고
② TV – 냉장고 – 의류 – 보석 – 가구 – 핸드백
③ 의류 – 보석 – 가구 – 냉장고 – 핸드백 – TV
④ 의류 – 냉장고 – 보석 – 가구 – 핸드백 – TV

 주어진 표에 따라 조건을 확인해보면, 조건의 ⓛ은 B, E가 해당하는데 ⓒ에서 B가 해당하므로 ⓛ은 E가 된다. ⓔ은 F가 되고 ⓜ은 C가 되며 ⓗ은 D가 된다. 남은 것은 TV이므로 A는 TV가 된다. 그러므로 TV – 냉장고 – 의류 – 보석 – 가구 – 핸드백 순이다.

│93~94│ 다음은 4개 대학교 학생들의 하루 평균 독서시간을 조사한 결과이다. 다음 물음에 답하시오.

구분	1학년	2학년	3학년	4학년
㉠	3.4	2.5	2.4	2.3
㉡	3.5	3.6	4.1	4.7
㉢	2.8	2.4	3.1	2.5
㉣	4.1	3.9	4.6	4.9
대학생 평균	2.9	3.7	3.5	3.9

- A대학은 고학년이 될수록 독서시간이 증가하는 대학이다
- B대학은 각 학년별 독서시간이 항상 평균 이상이다.
- C대학은 3학년의 독서시간이 가장 낮다.
- 2학년의 하루 독서시간은 C대학과 D대학이 비슷하다.

93 표의 처음부터 차례대로 들어갈 대학으로 알맞은 것은?

     ㉠   ㉡   ㉢   ㉣   ㉠   ㉡   ㉢   ㉣

① C→A→D→B   ② A→B→C→D

③ D→B→A→C   ④ D→C→A→B

고학년이 될수록 독서 시간이 증가하는 A대학은 ㉡, 대학생평균 독서량은 3.5인데 이를 넘는 B대학은 ㉣, 3학년의 독서시간이 가장 낮은 평균이하의 C대학은 ㉠이다. 따라서 2학년의 하루 독서시간이 2.5인 C대학과 비슷한 D대학은 2.4가 되므로 ㉢이 된다.

94 다음 중 옳지 않은 것은?

① C대학은 학년이 높아질수록 독서시간이 줄어들었다.

② A대학은 3, 4학년부터 대학생 평균 독서시간보다 독서시간이 증가하였다.

③ B대학은 학년이 높아질수록 독서시간이 증가하였다.

④ D대학은 대학생 평균 독서시간보다 매 학년 독서시간이 적다.

③ B대학은 2학년의 독서시간이 1학년 보다 줄었다.

ANSWER › 92.②   93.①   94.③

95 다음은 우리나라의 농경지의 면적과 전체 논의 면적에 대한 수리답의 비율(수리답률)을 나타낸 자료이다. 다음 자료를 올바르게 해석한 것은?

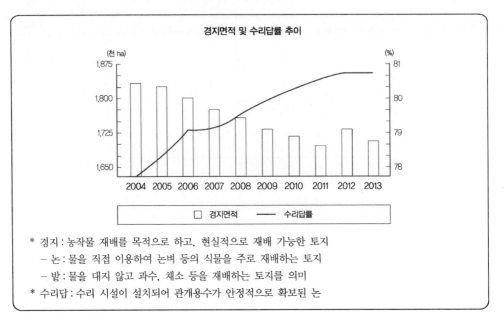

* 경지 : 농작물 재배를 목적으로 하고, 현실적으로 재배 가능한 토지
  − 논 : 물을 직접 이용하여 논벼 등의 식물을 주로 재배하는 토지
  − 밭 : 물을 대지 않고 과수, 채소 등을 재배하는 토지를 의미
* 수리답 : 수리 시설이 설치되어 관개용수가 안정적으로 확보된 논

① 2006년 우리나라의 논에는 수리답이 거의 없었다.

② 2006년의 수리답률이 79.2%일 때, 수리답의 면적은 약 1,425,600ha이다.

③ 2004년에 비해 2012년은 수리답의 비율이 증가하였으나, 전체 경지의 면적은 절반 가까이 감소하였다.

④ 시간이 지날수록 대체로 논벼의 재배를 위한 관개용수의 공급이 원활해졌다.

 ① 2006년 수리답률은 약 79%이다.
③ 전체 경지의 면적은 1,825,000ha에서 1,725,000ha로 감소하였다.
④ 주어진 자료로는 알 수 없다.

|96~97| 다음 표는 기업의 연도별 성별 성과금에 관한 자료이다. 물음에 답하시오.

〈연도별 성별 성과금〉

(단위 : 천 원)

성별＼년도	1996	1997	1998	1999	2000
남자	1,500	1,640	1,725	1,955	2,148
여자	1,460	1,374	1,687	1,895	2,111

96 다음 표는 기업의 연도별 성별 성과금의 비교표이다. 다음 중 옳게 해석한 것을 모두 고른 것은?

> ㉠ 여자의 성과금은 매년 전년대비 증가하고 있다.
> ㉡ 1997년 남자의 성과금은 전년대비 9.3% 증가하였다.
> ㉢ 2000년 여자의 성과금은 2000년 남자의 성과금보다 높은 편이다.

① ㉠   ② ㉡
③ ㉢   ④ ㉠, ㉡

 ㉠ 1997년에는 1996년에 비해 감소했다.
㉢ 2000년 여자의 성과금은 2000년 남자의 성과금보다 낮다.

97 다음 중 여자의 성과금 중 전년 대비 가장 높은 증가를 기록한 연도는?

① 1996년   ② 1997년
③ 1998년   ④ 1999년

 ① 전년도 성과금을 알 수 없다.
② -86(천 원)
③ +313(천 원)
④ +208(천 원)

┃98~99┃ A, B, C, 세 공장의 근로자 2인당 제품 생산량과 공장 전체의 1일 총생산량을 정리한 것이다. 물음에 답하시오.

구분	근로자 2인당 1일 생산량(개)	총생산량(개)
A	28	252
B	㉠	384
C	32	256

98 다음 중 공장 A, C의 근로자 수로 옳은 것은?

① A : 16, C : 18   ② A : 16, C : 16

③ A : 18, C : 16   ④ A : 18, C : 18

 A : $252 \div 28 = 9$
$9 \times 2 = 18$(명)
C : $256 \div 32 = 8$
$8 \times 2 = 16$(명)

99 C공장의 근로자 수와 B공장의 근로자 수의 비가 1 : 2일 때 ㉠에 들어갈 알맞은 수치는?

① 12개   ② 16개

③ 20개   ④ 24개

 C공장의 근로자는 16명이므로, B공장의 근로자는 32명이다.
$384 \div ㉠ = 16$
$㉠ = 24$

▌100~101 ▌ 다음은 우리나라의 선진화지수를 나타낸 것이다. 물음에 답하시오.

구분	OECD 평균	한국
정치	87.6	75.1
사회	67.5	48.1
경제	55.4	46.5
국제화	38.3	20.1
문화	26.6	19.4
평균	55.5	㉠

100 각 분야별 지수 중에서 한국이 지수 값으로 OECD 평균과 가장 크게 차이가 나는 것은 어떤 분야인가?

① 정치   ② 사회

③ 경제   ④ 국제화

 ① 정치 : 12.5
② 사회 : 19.4
③ 경제 : 8.9
④ 국제화 : 18.2

101 각 분야별 지수 중에서 한국이 상대적으로 OECD 전체 평균과 가장 차이가 나는 것은 어떤 분야인가?

① 정치   ② 사회

③ 국제화   ④ 문화

 문화 : $55.5 - 19.4 = 36.1$

102 ㉠에 들어갈 값은 얼마인가?

① 41.8

② 42.5

③ 43.8

④ 44.5

 $$\frac{75.1+48.1+46.5+20.1+19.4}{5}=41.84$$

103 장난감 가게의 장난감 한 개에 들어 있는 건전지의 수를 조사하여 나타낸 막대그래프이다. 오늘 팔린 장난감 배에 들어 있는 건전지가 모두 72개라면 오늘 팔린 장난감 배는 몇 개인가?

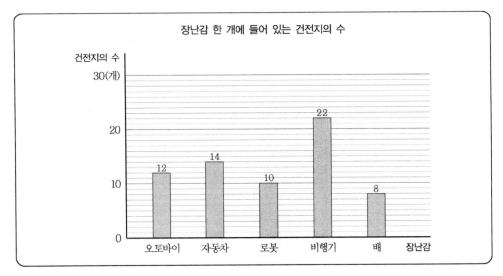

① 9개

② 10개

③ 11개

④ 12개

 장난감 배 한 개에 들어가는 건전지는 8개이다. 72개가 들어있다고 했으므로 총 9개가 팔렸다.

┃1~34┃ 다음은 일정한 규칙에 따라 배열한 수열이다. 빈칸에 알맞은 것을 고르시오.

1

| 3   2   2   3   8   35   (   )   1421   11360 |

① 192

② 196

③ 200

④ 204

 ×1−1, ×2−2, ×3−3, ×4−4, ×5−5…의 규칙을 갖는다.
∴ 35×6−6 = 204

2

| $\dfrac{1}{87}$ $\dfrac{6}{81}$ $\dfrac{11}{75}$ (   ) $\dfrac{21}{63}$ $\dfrac{26}{57}$ |

① $\dfrac{15}{69}$

② $\dfrac{16}{69}$

③ $\dfrac{15}{70}$

④ $\dfrac{16}{70}$

 분모는 6씩 감소하고, 분자는 5씩 증가한다.

3

| 25 | 29 | 116 | 112 | 28 | 32 | 128 | 124 | ( ) |

① 31

② 90

③ 128

④ 496

 $+4, \times 4, -4, \div 4, +4, \times 4, -4, \div 4, \cdots$의 규칙을 갖는다.

∴ $124 \div 4 = 31$

4

| 32 | 30 | 27 | ( ) | 18 | 12 | 5 |

① 24

② 23

③ 22

④ 21

 $-2, -3, -4, -5, -6, -7$의 규칙을 갖는다.

∴ $27 - 4 = 23$

5

| 1 | 3 | 6 | 18 | 21 | ( ) | 66 |

① 41

② 52

③ 63

④ 74

 $\times 3, +3$이 반복되고 있다.

∴ $21 \times 3 = 63$

6

> 1 1 2 1 3 5 1 4 7 10 1 5 (   ) 13

① 7   ② 8

③ 9   ④ 10

 (1) (1 2) (1 3 5) (1 4 7 10) (1 5 9 13 17)

7

> 10   10   20 $\dfrac{20}{3}$ $\dfrac{80}{3}$ (   )   32

① $\dfrac{8}{3}$ ② $\dfrac{11}{3}$

③ $\dfrac{14}{3}$ ④ $\dfrac{16}{3}$

 ÷1, ×2, ÷3, ×4, ÷5, ×6…의 규칙을 갖는다.

∴ $\dfrac{80}{3} \div 5 = \dfrac{16}{3}$

8

> 3   3   3   6   18   (   )   710

① 70   ② 71

③ 83   ④ 90

 전형적인 피보나치수열(1, 1, 2, 3, 5, 8,…)이 차례로 곱해지고 있으므로 빈칸에 들어갈 수는 18×5＝90이다.

ANSWER 〉 3.① 4.② 5.③ 6.③ 7.④ 8.④

9

| 4 8 23 46 ( ) 274 821 1642 4925 |

① 134   ② 135

③ 136   ④ 137

Tip $\times 2$, $\times 3-1$, $\times 2$, $\times 3-1 \cdots$의 규칙을 갖는다.

∴ $46 \times 3-1 = 137$

10

| $\dfrac{7}{2}$ $\dfrac{12}{6}$ $\dfrac{17}{18}$ ( ) $\dfrac{27}{162}$ $\dfrac{32}{486}$ $\dfrac{37}{1458}$ |

① $\dfrac{19}{54}$ ② $\dfrac{22}{54}$

③ $\dfrac{27}{54}$ ④ $\dfrac{38}{54}$

Tip 분모는 3씩 곱해지고, 분자는 5씩 더해지고 있다.

11

| 1 1 2 6 24 120 ( ) |

① 620   ② 720

③ 820   ④ 920

Tip $\times 1$, $\times 2$, $\times 3$, $\cdots$의 규칙을 갖는다.

12

5	6	9	( )	45	126	369	1098	

① 16   ② 17

③ 18   ④ 19

(Tip) ×3−9의 규칙을 갖는다.

13

8	4	4	6	12	30	90	( )	1260

① 300   ② 305

③ 310   ④ 315

(Tip) ×0.5, ×1, ×1.5, ×2, ×2.5, ×3…의 규칙을 갖는다.

14

4320	720	144	36	12	6	( )

① 6   ② 5

③ 4   ④ 3

(Tip) ÷6, ÷5, ÷4, …의 규칙을 갖는다.

ANSWER 〉 9.④ 10.② 11.② 12.③ 13.④ 14.①

15

| 1 1 2 3 5 8 ( ) |

① 12　　　　　　　　　　　② 13
③ 14　　　　　　　　　　　④ 15

> (Tip) 앞의 두 항의 합이 다음 항을 만든다.
> $5+8=13$

16

| 256　249　235　214　186　( ) |

① 147　　　　　　　　　　② 149
③ 151　　　　　　　　　　④ 153

> (Tip) -7, -14, -21, …의 규칙을 갖는다.

17

| 1 3 6 2 5 9 3 7 12 4 9 ( ) |

① 13　　　　　　　　　　② 14
③ 15　　　　　　　　　　④ 16

> (Tip) (1 3 6), (2 5 9), (3 7 12)로 나누어 봤을 때, (+1, +2, +3)으로 변화한다.

18

| 5　5　10　30　( ) |

① 100　　　　　　　　　② 120
③ 140　　　　　　　　　④ 160

> (Tip) $\times 1$, $\times 2$, $\times 3$, $\times 4$로 변하고 있다.
> 그러므로 $30 \times 4 = 120$

19

47 50 44 53 ( )

① 31   ② 41

③ 51   ④ 61

 +3, −6, +9, −12로 변하고 있다.
그러므로 53−12=41

20

7 35 140 420 ( )

① 840   ② 740

③ 640   ④ 540

 ×5, ×4, ×3, ×2로 변하고 있다.
그러므로 420×2=840

21

45 45 90 30 ( )

① 90   ② 100

③ 110   ④ 120

 ÷1, ×2, ÷3, ×4로 변하고 있다.
그러므로 30×4=120

ANSWER 〉 15.② 16.③ 17.③ 18.② 19.② 20.① 21.④

22

6 11 21 36 ( )

① 55　　　　　　　　　　② 56
③ 57　　　　　　　　　　④ 58

 +5, +10, +15, +20으로 변하고 있다.
그러므로 36+20=56

23

7 9 13 21 ( )

① 36　　　　　　　　　　② 37
③ 40　　　　　　　　　　④ 42

 $7 + 2^1 = 9$, $9 + 2^2 = 13$, $13 + 2^3 = 21$
처음 숫자에서 2^1, 2^2, $2^3 \cdots$순으로 덧셈이 되고 있으므로 $21 + 2^4 = 37$

24

3 1 3 1 4 2 10 ( )

① 5　　　　　　　　　　② 6
③ 7　　　　　　　　　　④ 8

 -2, $\times 3$, -2, $\times 4$, -2, $\times 5$, $-2 \cdots$
따라서 $10 - 2 = 8$

25

$$1 \quad 4 \quad 2 \quad 5 \quad 3 \quad 6 \quad 4 \quad 7 \quad (\quad)$$

① 3　　　　　　　　　　② 4

③ 5　　　　　　　　　　④ 8

 +3, -2의 규칙이 반복되고 있다.

26

$$100 \quad 50 \quad 10 \quad (\quad) \quad -40 \quad -50$$

① 20　　　　　　　　　　② 10

③ -10　　　　　　　　　④ -20

 -50, -40, -30, -20, -10의 규칙이다.

27

$$1 \quad 5 \quad 2 \quad 10 \quad 7 \quad 35 \quad (\quad)$$

① 32　　　　　　　　　　② 37

③ 38　　　　　　　　　　④ 47

 ×5, -3의 규칙이 반복되고 있다.

ANSWER 〉 22.② 23.② 24.④ 25.③ 26.④ 27.①

28

(   )   12   36   6   18   3

① 100   ② 86

③ 72   ④ 64

Tip ÷6, ×3의 규칙이 반복되고 있다.

29

625   125   25   5   (   )   0.2   0.04

① 0   ② 1

③ 2   ④ 3

Tip ÷5의 규칙이 반복되고 있다.

30

72   60   48   (   )   24   12

① 36   ② 34

③ 32   ④ 30

Tip −12의 규칙이 반복되고 있다.

31

$$100 \quad 10 \quad 80 \quad \frac{40}{3} \quad \frac{160}{3} \quad \left(\ \ \right)$$

① $\dfrac{125}{3}$ ② $\dfrac{80}{3}$

③ $\dfrac{50}{3}$ ④ $\dfrac{16}{3}$

Tip ÷10, ×8, ÷6, ×4, ÷2의 규칙이 적용되고 있다.

32

| 6 13 20 27 ( ) 41 |

① 37

② 36

③ 35

④ 34

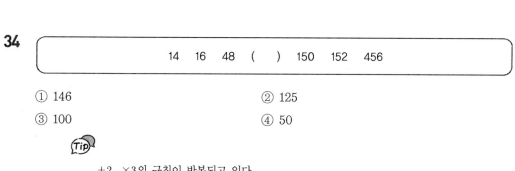 +7의 규칙이 반복되고 있다.

33

| 3 12 27 48 75 108 ( ) |

① 147

② 150

③ 153

④ 156

+9, +15, +21, +27, +33, +39가 더해졌는데, 더해진 숫자 사이의 규칙을 보면 6씩 커지고 있다.

34

| 14 16 48 ( ) 150 152 456 |

① 146

② 125

③ 100

④ 50

+2, ×3의 규칙이 반복되고 있다.

다음 밑줄 친 수들 간의 규칙을 찾아 빈칸에 들어갈 수를 고르시오.

35

> <u>3 4 82</u> <u>4 3 65</u> <u>5 2 26</u> <u>6 1 (   )</u>

① 7

② 17

③ 27

④ 37

$3^4 + 1 = 82, \ 4^3 + 1 = 65, \ 5^2 + 1 = 26$
$\therefore 6^1 + 1 = 7$

36

> <u>5 9 50</u> <u>6 7 48</u> <u>9 3 (   )</u>

① 27

② 30

③ 33

④ 36

$5 \times 9 + 5 = 50, \ 6 \times 7 + 6 = 48$
$\therefore 9 \times 3 + 9 = 36$

37

> <u>5 3 3 5</u> <u>7 8 16 14</u> <u>61 5 10 (   )</u>

① 108

② 122

③ 146

④ 160

첫 번째 수를 분자로 하고 두 번째 수를 분모로 하는 수와 세 번째 수를 곱한 값이 네 번째 수가 된다.
$\therefore \dfrac{61}{5} \times 10 = 122$

38

> 4 8 2 2   3 6 1 3   56 10 4 ( )

① 13

② 14

③ 15

④ 16

 첫 번째 수를 분자로 하고 두 번째 수를 분모로 하는 수와 두 번째 수를 분자로 하고 세 번째 수를 분모로 하는 수를 곱한 값이 네 번째 수가 된다.

$$\therefore \frac{56}{10} \times \frac{10}{4} = 14$$

39

> 1 3 4 12   2 6 8 48   8 7 ( ) 105

① 11

② 13

③ 15

④ 17

 첫 번째 수와 두 번째 수를 더하면 세 번째 수가 나오고, 두 번째 수와 세 번째 수를 곱하면 네 번째 수가 나온다.

40

> 2 3 4 13   5 2 3 35   3 6 ( ) 220

① 3

② 4

③ 5

④ 6

 $3^2 + 4 = 13$, $2^5 + 3 = 35$, $6^3 + ( ) = 220$

$$\therefore ( ) = 220 - 216 = 4$$

41

<u>2 4 14</u> <u>9 5 6</u> <u>13 1 6</u> <u>1 8 (   )</u>

① 9   ② 10
③ 11   ④ 12

 세 수를 더하면 모두 20이 된다.

42

<u>12 2 1</u> <u>3 4 2</u> <u>24 1 (   )</u>

① 0   ② 1
③ 2   ④ 3

 세 수를 곱하면 모두 24가 된다.

43

<u>2 4 20</u> <u>1 3 10</u> <u>3 2 (   )</u> <u>5 2 29</u>

① 13   ② 14
③ 15   ④ 16

 앞의 두수의 제곱의 합이 세 번째 수가 된다.
$2^2 + 4^2 = 20$, $1^2 + 3^2 = 10$, $5^2 + 2^2 = 29$
$\therefore 3^2 + 2^2 = 9 + 4 = 13$

44

| 3 4 10 11   1 3 5 7   8 2 18 12   5 2 ( ) 9 |

① 10   ② 11

③ 12   ④ 13

 $2 \times 3 + 4 = 10$, $3 + 2 \times 4 = 11$
$2 \times 1 + 3 = 5$, $1 + 2 \times 3 = 7$
$2 \times 8 + 2 = 18$, $8 + 2 \times 2 = 12$
$\therefore 2 \times 5 + 2 = 12$, $5 + 2 \times 2 = 9$

45

| 2 5 10 7 16   3 2 6 7 12   5 2 ( ) 6 15 |

① 10   ② 20

③ 30   ④ 40

 규칙성을 찾으면 2 5 10 7 16에서 첫 번째 수와 두 번째 수를 곱하면 세 번째 수가 나오고 세 번째 수와 네 번째 수를 더한 후 1을 빼면 다섯 번째 수가 된다.
∴ ( ) 안에 들어갈 수는 10이다.

46 일정한 규칙으로 수를 나열할 때, (   ) 안에 들어갈 숫자는?

8	27	132
32	( )	156
56	75	180

① 39   ② 43
③ 47   ④ 51

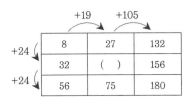

47 다음 빈칸에 들어갈 알맞은 숫자는?

4	7	11	16
7	10	14	

① 16   ② 17
③ 18   ④ 19

 윗줄과 아랫줄 숫자가 3씩 차이난다. 16에 3을 더한 19가 답이다.

┃48~49┃ 다음 색칠된 곳의 숫자에서부터 시계방향으로 진행하면서 숫자와의 관계를 고려하여 ?
표시된 곳에 들어갈 알맞은 숫자를 고르시오.

48

?	3	5
18		10
20	10	8

① 16　　　　　　　　　　　② 18

③ 20　　　　　　　　　　　④ 22

 각 숫자의 차가 +2, ×2, −2의 순서로 변한다.

```
3   5   10   8   10   20   18   20
 V   V    V    V    V    V    V
+2  ×2  −2   +2  ×2   −2   +2
```

49

5	24	12
10		16
6	12	?

① 8　　　　　　　　　　　② 16

③ 22　　　　　　　　　　　④ 30

 각 숫자에 $\times \frac{1}{2}$, +4의 규칙이 적용되고 있다.

```
24   12   16   8   12   6   10   5
 V    V    V    V    V   V    V
×½  +4   ×½  +4  ×½  +4  ×½
```

ANSWER 〉 46.④　47.④　48.③　49.①

|50~55| 다음 ? 표시된 부분에 들어갈 숫자를 고르시오.

50

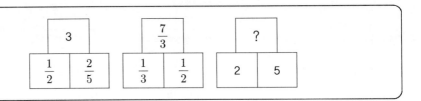

① $\dfrac{11}{5}$

② $\dfrac{17}{5}$

③ $\dfrac{11}{2}$

④ $\dfrac{17}{2}$

51

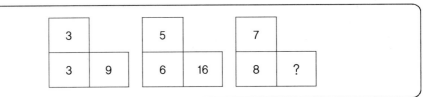

① 22

② 25

③ 28

④ 31

52

2	5	8	11	14
1	7	22	46	?

① 59

② 65

③ 79

④ 85

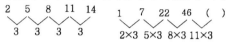 윗줄의 수와 공차가 곱해진 수가 아랫줄에 더해지고 있다.

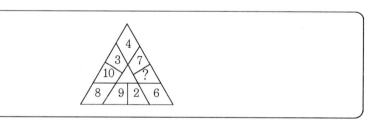

53

① 5

② 8

③ 11

④ 14

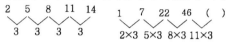 한 변의 숫자를 더하면 모두 25가 된다. 따라서 4+7+?+6=25 이므로 ?=8이다.

54

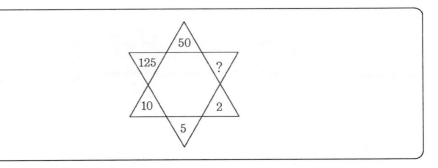

① 21

② 23

③ 25

④ 27

 마주보고 있는 숫자를 곱하면 모두 250이 된다.

∴ ? = 25

55

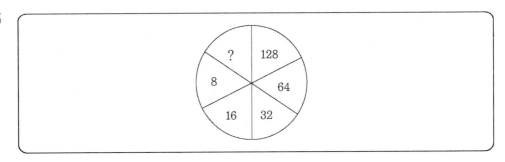

① 10

② 6

③ 4

④ 2

 시계방향으로 2가 나누어지면서 변하고 있다.

∴ 8 ÷ 2 = 4

56 다음 그림에서 ⓒ − ⓐ − 1의 값은?

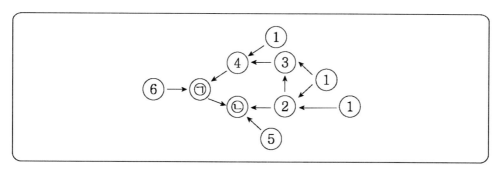

① 2　　　　　　　　　　② 4

③ 6　　　　　　　　　　④ 8

 화살표 방향대로 수를 더하고 있으므로 ⓒ = ⓐ + 2 + 5
ⓒ − ⓐ = 7　∴ ⓒ − ⓐ − 1 = 7 − 1 = 6

▌57~63▐ 다음 기호의 규칙을 보고 빈칸에 들어갈 수를 고르시오.

57

5※12 = 26　14※7 = 21　51※24 = 93　3※(9※34) = (　)

① 28　　　　　　　　　　② 37

③ 46　　　　　　　　　　④ 55

 기호 뒤의 수를 일의 자리 수와 십의 자리 수의 자리를 바꾼 뒤 두 수를 더해주고 있다.
5※12 = 5 + 21 = 26,　14※7 = 14 + 7 = 21,　51※24 = 51 + 42 = 93
∴ 3※(9※34) = 3※(9 + 43)
　　　　　　 = 3※52
　　　　　　 = 3 + 25
　　　　　　 = 28

58

$$2 \oplus 5 = 0 \quad 4 \oplus 7 = 16 \quad 12 \oplus 8 = 54 \quad 8 \oplus (7 \oplus 3) = (\quad)$$

① 6   ② 8

③ 10   ④ 12

 두 수를 곱한 후 십의 자리 수와 일의 자리 수를 곱하고 있다.

2⊕5는 2×5=10에서 1×0=0, 12⊕8은 12×8=96에서 9×6=54

∴ 7⊕3은 7×3=21에서 2×1=2, 8⊕2는 8×2=16에서 1×6=6

59

$$2 \triangle 3 = \frac{11}{5} \qquad 3 \triangle 4 = \frac{67}{77} \qquad 4 \triangle 2 = (\quad)$$

① $\dfrac{5}{3}$ ② $\dfrac{10}{3}$

③ $\dfrac{5}{7}$ ④ $\dfrac{10}{7}$

Tip $A \triangle B = \dfrac{B^A + A}{A^B - B}$ 의 규칙을 갖는다.

$$\therefore \frac{2^4 + 4}{4^2 - 2} = \frac{20}{14} = \frac{10}{7}$$

60

$$26 \spadesuit 35 = 6 \quad 13 \spadesuit 17 = 8 \quad 12 \spadesuit 19 = (\quad)$$

① 8   ② 9

③ 10   ④ 11

Tip A ♠ B = (A의 일의 자릿수 + B의 일의 자릿수) − (A의 십의 자릿수 + B의 십의 자릿수)

∴ (2+9)−(1+1)=9

61

$$5⊙7=23 \quad 8⊙11=69 \quad 4⊙17=47 \quad (2⊙8)⊙10=(\quad)$$

① 26 　　　　　　　　　　② 44

③ 57 　　　　　　　　　　④ 64

 두 수를 곱한 수에서 두 수를 더한 수를 빼주고 있다.
$5⊙7=(5×7)-(5+7)=23, \quad 8⊙11=(8×11)-(8+11)=69$
$\therefore (2⊙8)⊙10=\{(2×8)-(2+8)\}⊙10$
$\qquad\qquad\quad =6⊙10$
$\qquad\qquad\quad =(6×10)-(6+10)$
$\qquad\qquad\quad =44$

62

$$7△3=2 \quad 6△9=20 \quad 3△8=8 \quad 12△(3△4)=(\quad)$$

① 6 　　　　　　　　　　② 7

③ 8 　　　　　　　　　　④ 9

 두 수를 곱한 값의 일의 자리수와 십의 자리수를 곱한 것이다.
$7△3$은 $7×3=21 ⇨ 2×1=2$
$6△9$는 $6×9=54 ⇨ 5×4=20$
$3△8$은 $3×8=24 ⇨ 2×4=8$
$\therefore 3△4$는 $3×4=12 ⇨ 1×2=2$이므로 $12△(3△4)=12△2=8$

63

$$9✿65=20 \quad 13✿85=17 \quad (19✿26)✿87=(\quad)$$

① 16 　　　　　　　　　　② 24

③ 32 　　　　　　　　　　④ 56

 각각 십의 자리 수와 일의 자리 수를 더한 후 더해준다.
$9✿65=9+(6+5)=20, \quad 13✿85=(1+3)+(8+5)=17$
$\therefore (19✿26)✿87=\{(1+9)+(2+6)\}✿87$
$\qquad\qquad\qquad =18✿87$
$\qquad\qquad\qquad =(1+8)+(8+7)$
$\qquad\qquad\qquad =24$

ANSWER 〉 58.① 59.④ 60.② 61.② 62.③ 63.②

64

C - D - F - I - M - ( ) - X

① P   ② Q
③ R   ④ S

 알파벳을 숫자에 대입하면 다음과 같다.

1	2	3	4	5	6	7	8	9	10	11	12	13	14	15	16	17	18	19	20	21	22	23	24	25	26
A	B	C	D	E	F	G	H	I	J	K	L	M	N	O	P	Q	R	S	T	U	V	W	X	Y	Z

C(3) - D(4) - F(6) - I(9) - M(13) - (?) - X(24)
1, 2, 3,…씩 증가하므로 빈칸에 들어갈 문자는 13+5=18(R)이다.

65

A - T - F - O - ( ) - J - P

① I   ② K
③ M   ④ O

 A(1) - T(20) - F(6) - O(15) - (?) - J(10) - P(16)
홀수 항은 5씩 증가, 짝수 항은 5씩 감소하므로 빈칸에 들어갈 문자는 K(11)이다.

66

A - A - B - C - E - H - ( )

① M   ② O
③ Q   ④ S

 A(1) - A(1) - B(2) - C(3) - E(5) - H(8) - (?)
앞의 두 수를 더한 수가 다음 수가 되는 피보나치수열이므로 빈칸에 들어갈 문자는 M(13)이다.

67

| J – H – L – J – N – (   ) |

① J
② K
③ L
④ M

 문자에 숫자를 대입하여 풀면 쉽게 풀 수 있다. 각 숫자는 −2, +4의 규칙을 갖는다.

1	2	3	4	5	6	7	8	9	10	11	12	13	14
A	B	C	D	E	F	G	H	I	J	K	L	M	N

J(10)−H(8)−L(12)−J(10)−N(14)−L(12)

68

| C – D – G – L – (   ) |

① C
② P
③ R
④ S

 처음의 문자에서 +1, +3, +5의 순서로 변하므로 빈칸에는 앞의 글자에 7을 더한 문자가 와야 한다.
C(3) − D(4) − G(7) − L(12)

69

| ㄷ – ㅎ – ㅁ – ㅋ – ㅅ – ㅇ – (   ) – ㅁ |

① ㅈ
② ㅊ
③ ㅋ
④ ㅍ

 한글자음을 숫자에 대입하면 다음과 같다.

1	2	3	4	5	6	7	8	9	10	11	12	13	14
ㄱ	ㄴ	ㄷ	ㄹ	ㅁ	ㅂ	ㅅ	ㅇ	ㅈ	ㅊ	ㅋ	ㅌ	ㅍ	ㅎ

ㄷ(3) − ㅎ(14) − ㅁ(5) − ㅋ(11) − ㅅ(7) − ㅇ(8) − (?) − ㅁ(5)
홀수 항은 2씩 증가, 짝수 항은 3씩 감소하므로 빈칸에 들어갈 문자는 ㅈ(9)이다.

ANSWER 〉 64.③ 65.② 66.① 67.③ 68.④ 69.①

70

> ㅅ - ㅂ - ㅇ - ㅁ - ㅈ - ㄹ - ( )

① ㅁ   ② ㅇ

③ ㅊ   ④ ㅋ

 ㅅ(7) - ㅂ(6) - ㅇ(8) - ㅁ(5) - ㅈ(9) - ㄹ(4) - (?)
-1, +2, -3, +4,…로 변화하므로 빈칸에 들어갈 문자는 ㅊ(10)이다.

71

> ㄱ - ㄷ - ㄹ - ㅇ - ㅅ - ㅍ - ( )

① ㅈ   ② ㅊ

③ ㅋ   ④ ㅌ

Tip 한글 자음의 순서에 숫자를 대입하면 다음과 같다.

1	2	3	4	5	6	7	8	9	10	11	12	13	14
ㄱ	ㄴ	ㄷ	ㄹ	ㅁ	ㅂ	ㅅ	ㅇ	ㅈ	ㅊ	ㅋ	ㅌ	ㅍ	ㅎ

ㄱ(1) - ㄷ(3) - ㄹ(4) - ㅇ(8) - ㅅ(7) - ㅍ(13) - (?)
홀수 항은 +3, 짝수 항은 +5씩 증가한다. 따라서 빈칸에 들어갈 문자는 7+3 = 10(ㅊ)이다.

72

> ㅍ - ㅌ - ㅈ - ㅇ - ( ) - ㄹ - ㄱ

① ㅁ   ② ㅂ

③ ㅅ   ④ ㅇ

Tip ㅍ(13) - ㅌ(12) - ㅈ(9) - ㅇ(8) - (?) - ㄹ(4) - ㄱ(1)
-1, -3씩 감소한다. 따라서 빈칸에 들어갈 문자는 8-3 = 5(ㅁ)이다.

┃ 73~81 ┃ 다음 중 나머지와 다른 하나를 고르시오.

73　① ADEH　　　　　　　② 1457

　　　③ ㄱㄹㅁㅇ　　　　　　④ Ⅰ Ⅳ Ⅴ Ⅷ

　　　　(Tip)　② 1458

74　① NNIJ　　　　　　　② ㅂㅂㄱㄴ

　　　③ 8834　　　　　　　④ hhde

　　　　(Tip)　④ hhcd

75　① 자짜차짜　　　　　　② 다따타다

　　　③ 바빠파바　　　　　　④ 가까카가

　　　　(Tip)　① 자짜차자

76　① 그니드리　　　　　　② 가냐더려

　　　③ 구뉴도료　　　　　　④ 개내데례

　　　　(Tip)　②③④ 한글 자음과 모음의 순서가 하나씩 바뀌고 있다.

77 ① ㄱㄷㄷㅈ ② 2228

③ ⅡⅡⅠⅤ ④ CABF

> (Tip) 모두 숫자로 치환했을 때 앞에 위치한 세 개의 숫자를 곱한 값이 마지막 숫자가 된다.
> $\therefore 1(ㄱ) \times 3(ㄷ) \times 3(ㄷ) = 9(ㅈ)$
> $2 \times 2 \times 2 = 8$
> $2(Ⅱ) \times 2(Ⅱ) \times 1(Ⅰ) = 4(Ⅳ)$
> $3(C) \times 1(A) \times 2(B) = 6(F)$
> ③의 경우 4(Ⅳ)가 아니라 5(Ⅴ)이므로 ①②④와 다르다.

78 ① 1548 ② ABED

③ 가마라아 ④ aedh

> (Tip) ② AEDH가 되어야 동일한 규칙이 된다.

79 ① abde ② ㄱㄴㄹㅁ

③ 1244 ④ 가나라마

> (Tip) ③ 1245가 되어야 동일한 규칙이 된다.

80 ① 5678 ② CFGH

③ ㄷㅂㅅㅇ ④ cfgh

> (Tip) ① 3678이 되어야 동일한 규칙이 된다.

81 ① 2467 ② befg

③ 나라바사 ④ BDFG

> (Tip) ② bdfg가 되어야 동일한 규칙이 된다.

│82~86│ 다음 도형들의 일정한 규칙을 찾아 빈칸에 들어갈 도형을 고르시오.

82

① ②

③ ④

(Tip) ◑는 좌우로 움직이고, ◷는 좁은 쪽이 모서리를 향하게 시계방향으로 움직인다.

83

A	I	L
K	G	D
S	H	C

B	K	M
M	J	F
T	J	D

D	O	O
Q	P	J
V	N	F

E	Q	P
S	S	L
W	P	G

①
C	M	N
O	N	H
U	L	E

②
C	L	N
N	M	G
U	K	E

③
C	M	N
O	M	H
U	L	E

④
D	M	O
O	N	H
V	L	F

(Tip)

a	b	c
d	e	f
g	h	i

알파벳을 숫자로 치환하여 문제를 푼다.

a, c, g, i칸은 1씩, b, d, f, h칸은 2씩 증가하며 e칸은 3씩 증가하며 변환된다.

ANSWER 〉 77.③ 78.② 79.③ 80.① 81.② 82.① 83.③

84

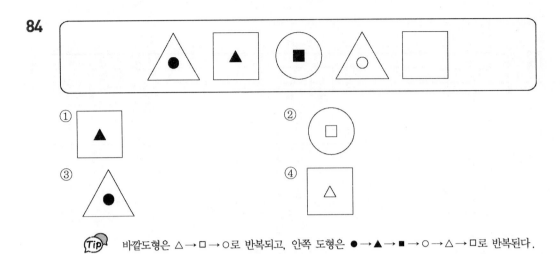

바깥도형은 △→□→○로 반복되고, 안쪽 도형은 ●→▲→■→○→△→□로 반복된다.

85

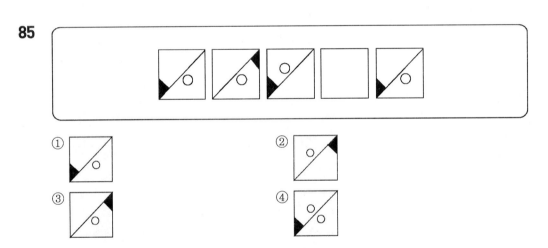

하얀색 동그라미는 대각선을 기준으로 아래에 2번, 위에 2번 위치하며 검은 삼각형은 왼쪽 아래에 1번, 오른쪽 위에 1번 위치한다.

86

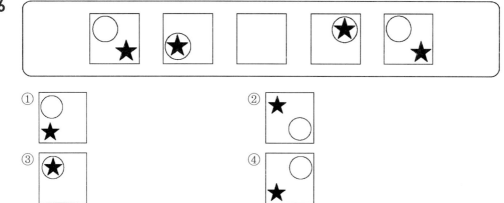

① ② ③ ④

Tip 하얀색 동그라미의 경우 시계 반대방향으로 이동하고 있으며 검은색 별은 시계방향으로 이동한다.

87

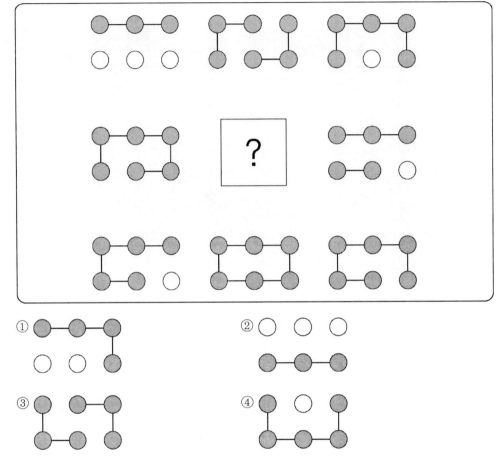

① **Tip** 각 그림을 시계방향으로 90도 돌려세우면 원을 이은 선들이 1부터 9까지의 수를 나타냄을 알 수 있다.

88

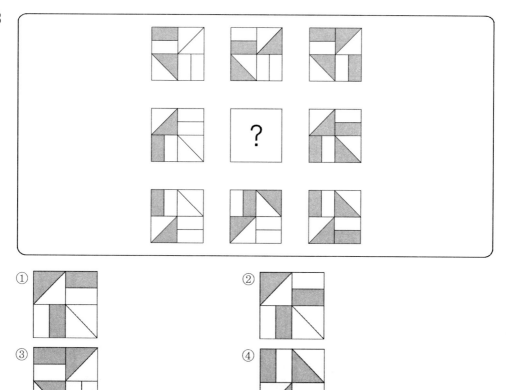

① ② ③ ④

(Tip) 오른쪽 그림으로 갈수록 색칠된 칸이 한 칸씩 많아지고, 왼쪽 그림에 색칠되어 있던 칸은 색반전이 일어난다.

89

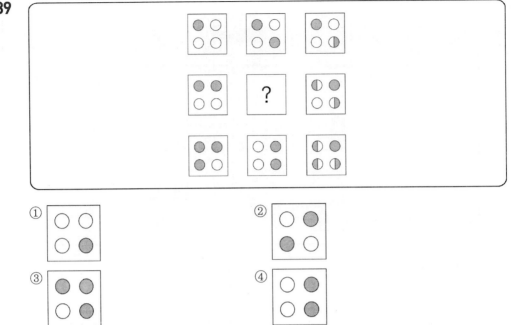

①
②
③
④

(Tip) 1열과 2열에 있는 동그라미에 모두 색이 칠해져있으면 3열에 있는 동그라미에도 색이 칠해지고, 1열에는 색이 칠해져있지만 2열에는 칠해져있지 않은 경우 3열에 있는 동그라미의 왼쪽 반만, 2열에는 색이 칠해져있지만 1열에는 칠해져있지 않은 경우 3열에 있는 동그라미의 오른쪽 반만 색이 칠해진다.

90

①
②
③
④

가운데 정사각형과 맞닿는 도형이 삼각형, 사각형, 오각형, 육각형으로 변하고 있으며 정사각형 안의 별 모양 기호는 변하지 않고 나머지 기호들은 시계방향으로 움직인다.

① 정사각형과 맞닿는 도형이 다르다.
③ 정사각형 안의 기호가 다르다.
④ 육각형 안의 기호의 위치가 시계방향으로 움직인 것이 아니다.

91

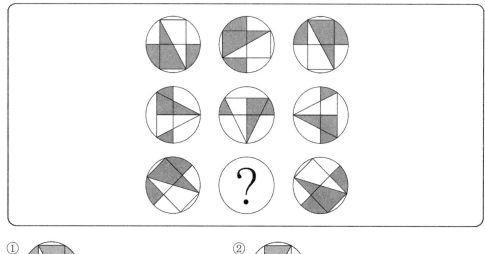

 ③ 1열, 2열, 3열로 가면서 도형의 색칠된 부분이 90°씩 회전하는 규칙이 성립되고 있다.

92 다음과 같은 순서로 에너지 전환이 일어나는 발전 방식은?

> 화학에너지 → 열에너지 → 역학적 에너지 → 전기에너지

① 양수발전　　　　　　　　② 수력발전
③ 화력발전　　　　　　　　④ 조력발전

 ① 전기에너지 → 위치에너지 → 운동에너지 → 전기에너지
② 위치에너지 → 운동에너지 → 전기에너지
④ 위치에너지 → 운동에너지 → 전기에너지

93 지구 암석권을 구성하는 여러 개의 판들을 이동시키는 주된 원인은?

① 해류　　　　　　　　② 맨틀 대류
③ 달의 인력　　　　　　④ 태양 인력

 맨틀 대류설 … 지구의 핵과 지각의 온도 차이로 맨틀의 대류가 일어나고, 맨틀이 대류하기 때문에 그 위에 있는 대륙이 이동한다는 이론으로 1929년 영국의 과학자 아서 홈스 (Arthur Holmes)가 주장했다.

94 저기압에 대한 설명으로 옳은 것은?

① 주위보다 기압이 높다.
② 일기도에 ㅁ로 표시한다.
③ 날씨가 흐리거나 비가 온다.
④ 중심부에서 하강기류가 나타나다.

 ① 저기압은 주변보다 기압이 낮다.
② 저기압은 일기도에 ㅁ로 표시한다.
④ 저기압 중심부에서의 바람은 반시계 방향으로 불어 들어오며, 중심부에 형성된 상승기류가 구름을 형성시켜 흐린 날씨를 나타낸다.

95 다음 설명에 해당하는 행성은?

> • 내행성이며 태양계에서 크기가 가장 작은 행성이다.
> • 새벽 동쪽 하늘이나 초저녁 서쪽 하늘에서 관측된다.

① 수성   ② 화성
③ 목성   ④ 토성

 공전궤도에 따른 행성의 구분
ⓐ 내행성: 지구의 안쪽 궤도를 도는 행성 ex) 수성, 금성
ⓑ 외행성: 지구의 바깥 궤도를 도는 행성 ex) 화성, 목성, 토성, 천왕성, 해왕성, 명왕성

96 생물의 생식 방법을 옳게 연결한 것은?

① 효모 – 포자 생식   ② 산호 – 포자 생식
③ 짚신벌레 – 출아법   ④ 아메바 – 분열법

 분열법: 한 개의 세포로 이루어진 생물이 어느 정도 자라면 세포 분열을 통해 두 개의 세포로 나누어져 각각 새로운 개체가 되는 생식법이다.
출아법: 몸의 일부가 혹처럼 돋아나 어느 정도 자라면 떨어져 나와 새로운 개체가 되는 생식법이다.
포자 생식: 일부에서 포자를 만들고, 포자가 싹이 터서 새로운 개체가 되는 생식법이다.
효모와 산호의 생식 방법은 출아법이며 짚신벌레와 아메바의 생식 방법은 분열법이다.

97 전해질과 비전해질을 확인할 수 있는 가장 적당한 방법은?

① 물에 대한 용해성을 알아본다.
② 녹는점이나 끓는점을 측정한다.
③ 수용액 상태에서 전류가 흐르는지 알아본다.
④ 고체 결정 상태에서 전기 전도성이 있는지 알아본다.

 전해질이란 물 등의 용매에 녹아서 이온으로 해리되어 전류를 흐르게 하는 물질을 말한다. 따라서 전해질과 비전해질을 확인하기 위해서는 수용액 상태에서 전류가 흐르는지 알아보아야 한다.

ANSWER > 92.③ 93.② 94.③ 95.① 96.④ 97.③

98 다음 반응과 관계 있는 요인은?

> • 5% 염산 수용액보다 10% 염산 수용액이 마그네슘과 더 빠르게 반응한다.
> • 꺼져가는 불씨를 산소가 가득 들어 있는 용기 속에 넣었더니 불씨가 다시 살아났다.

① 온도　　　　　　　　　　　　② 농도
③ 촉매　　　　　　　　　　　　④ 표면적

 첫 번째에서는 염산의 농도에 따른 반응을, 두 번째 반응에서는 산소의 농도에 따른 변화를 볼 수 있다.

99 다음 설명에 해당하는 것은?

> • 신경계와 함께 항상성 유지에 관여한다.
> • 내분비샘에서 생성되어 혈액으로 분비된다.

① 항원　　　　　　　　　　　　② 항체
③ 응집원　　　　　　　　　　　④ 호르몬

 ① 항원 : 항체에 반응하는 물질
② 항체 : 면역반응을 담당하는 인자로 자신의 구성성분과 다른 성질의 항원이 체내로 침입했을 때 림프계 세포에 의해 생산된 항원과 특이적으로 반응하는 단백질
③ 응집원 : 응집반응에 참여하는 항원

100 감각 기관과 수용하는 자극이 바르게 연결된 것은?

① 눈 – 빛　　　　　　　　　　　② 귀 – 온도
③ 코 – 액체 상태의 화학 물질　　④ 혀 – 기체 상태의 화학 물질

 ② 피부 – 온도
③ 혀 – 액체 상태의 화학 물질
④ 코 – 기체 상태의 화학 물질

101 다음에서 설명하는 영양소는?

> • 1g당 9kcal의 열량을 낸다.
> • 버터, 견과류 등에 풍부하다.
> • 체온 유지에 중요한 역할을 한다.

① 지방   ② 단백질
③ 비타민   ④ 탄수화물

② 단백질은 신체를 구성하고 조직을 보수하는 기능으로 1g당 4kcal 열량을 공급한다. 근육성장과 피로회복에 절대적인 영양소로서 수분을 제외하면 체중의 거의 반을 차지하며 두발, 피부, 손톱, 근육, 뇌의 기능 유지 및 성장에 관여한다.

③ 비타민은 신체 내 여러 생체반응이 쉽게 일어나도록 돕는 역할을 하지만 자체로 에너지를 생산하지는 않는다.

④ 탄수화물은 1g의 4kcal의 열량을 내며 신체를 구성하는 성분이다. 탄수화물은 신체 내에서 중요한 몇 가지의 화합물을 형성하는데, 주로 윤활물질이나 손톱, 뼈, 연골 및 피부 등의 중요한 구성요소가 된다.

▌1~20▐ 다음에 주어진 문자의 배열이 좌우가 같으면 ①, 다르면 ②를 선택하시오.

1

> 고광욱병밀추획정홀   고광욱병밀추획정홀

① 같다.   ② 다르다.

(Tip) 주어진 두 문자의 배열이 같다.

2

> 1354977 0   135 6977 0

① 같다.   ② 다르다.

(Tip) 13549770 – 13569770

3

> 륜무이은신에는상이지히굽는다앉   륜무이은신에는상이지히굽는다앉

① 같다.   ② 다르다.

(Tip) 주어진 두 문지의 배열이 같다.

4

母喜一時之欺人母幸目前之橫財　　　　母喜二時之欺子母幸目前之橫財

① 같다.　　　　　　　　　② 다르다.

Tip 母喜<u>一</u>時之欺<u>人</u>母幸目前之橫財 – 母喜<u>二</u>時之欺<u>子</u>母幸目前之橫財

5

기쎈그룹인적성검사　　　　　　기쎈그룹인적성검사

① 같다.　　　　　　　　　② 다르다.

Tip 주어진 두 문자의 배열이 같다.

6

시비지진불가이중구단　　　　　시비지진불가이중구란

① 같다.　　　　　　　　　② 다르다.

Tip 시비지진불가이중구<u>단</u> – 시비지진불가이중구<u>란</u>

7

651654681　　　　　651654681

① 같다.　　　　　　　　　② 다르다.

Tip 주어진 두 문자의 배열이 같다.

ANSWER 〉 1.① 2.② 3.① 4.② 5.① 6.② 7.①

8

까길나마얼면길가리꼬루노   까길나마얼면길거리꼬루오

① 같다.   ② 다르다.

> *(Tip)* 까길나마얼면길<u>가</u>리꼬루<u>노</u> – 까길나마얼면길<u>거</u>리꼬루<u>오</u>

9

◀◀▷◁▶▶▷◁◀▶   ◀◀▷◁▶▶▷◁◀▶

① 같다.   ② 다르다.

> *(Tip)* 주어진 두 문자의 배열이 같다.

10

F1 F3 F6 F8 F10 F8 F6 F4 F2 Alt   F1 F3 F6 F8 F10 F10 F6 F4 F2 Ctrl

① 같다.   ② 다르다.

> *(Tip)* F1 F3 F6 F8 F10 F8 F6 F4 F2 Alt – F1 F3 F6 F8 F10 F10 F6 F4 F2 Ctrl

11

いまのこころはきえない   いまのこころはきえない

① 같다   ② 다르다

> *(Tip)* 두 문자는 서로 일치한다.

12

servameservabote	servameservavote

① 같다   ② 다르다

> (Tip) servameserva<u>b</u>ote − servameserva<u>v</u>ote

13

히토미오토지떼키미오에가쿠요	히토미오토지테키미오에가쿠요

① 같다   ② 다르다

> (Tip) 히토미오토지<u>떼</u>키미오에가쿠요 − 히토미오토지<u>테</u>키미오에가쿠요

14

ㄱㄴㅎㅍㅈㅇㅅㅂㄷㅁㅊ	ㄱㄴㅎㅍㅈㅇㅅㅂㄷㅁㅊ

① 같다   ② 다르다

> (Tip) 두 문자는 서로 일치한다.

15

아라라라라아아라다아시라	아라라라라아하라다아시라

① 같다   ② 다르다

> (Tip) 아라라라라아<u>아</u>라다아시라 − 아라라라라아<u>하</u>라다아시라

ANSWER 〉 8.② 9.① 10.② 11.① 12.② 13.② 14.① 15.②

16

ㄴㄴ ㄴㄷ ㄴㅅㄹㄱㅅ ㄹㄷ ㄹㅎ ㅁㅂ ㅁㅅ ㅂㄱ ㅂㄷ ㅂㅅㄷ ㅂㅈ	ㄴㄴ ㄴㄷ ㄴㅅㄹㄱㅅ ㄹㄷ ㄹㅎ ㅁㅂ ㅁㅅ ㅂㄱ ㅂㄷ ㅂㅅㄷ ㅂㅈ

① 같다　　② 다르다

Tip 두 문자는 서로 일치한다.

17

하늘이무너져도솟아날구멍은있다	하늘이무너져도솔아날구멍은있다

① 같다　　② 다르다

Tip 하늘이무너져도<u>솟</u>아날구멍은있다 – 하늘이무너져도<u>솔</u>아날구멍은있다

18

◁◀♤♠◐▣◑♡♥▷▶♧♣	◁◀♤♠◐▣◑♡♥▷▶♧♧

① 같다　　② 다르다

Tip ◁◀♤♠◐▣◑♡♥▷▶♧<u>♣</u> – ◁◀♤♠◐▣◑♡♥▷▶♧<u>♧</u>

19

(f)(d)(h)(j)(k)(z)(x)(t)(u)(o)(p)(l)(m)	(f)(d)(h)(j)(k)(z)(x)(t)(u)(o)(p)(l)(m)

① 같다　　② 다르다

Tip 두 문자는 서로 일치한다.

20

| 3813920푸르뎅뎅4591 | 3813920푸르뎅뎅4591 |

① 같다　　　　　　　　　② 다르다

 두 문자는 서로 일치한다.

┃21~28┃ 다음 중 제시된 보기와 다른 하나를 고르시오.

21

几凵刀刂力勺匕匚十卜卩

① 几凵刀刂力勺匕匚十卜卩
② 几凵刀刂力勺匕匚十卜卩
③ 几凵刀刂力勺Σ匚十卜卩
④ 几凵刀刂力勺匕匚十卜卩

 ③ 几凵刀刂力勺<u>Σ</u>匚十卜卩

22

The temperature fell below freezing

① The temperature fall below freezing
② The temperature fell below freezing
③ The temperature fell below freezing
④ The temperature fell below freezing

 ① The temperature f<u>a</u>ll below freezing

ANSWER 〉 16.① 17.② 18.② 19.① 20.① 21.③ 22.①

23

F1 F3 F6 F8 F10 F8 F6 F4 F2 Alt

① F1 F3 F6 F8 F10 F8 F6 F4 F2 Alt

② F1 F3 F6 F8 F10 F8 F6 F4 F2 Alt

③ F1 F3 F6 F8 F10 F8 F6 F4 F2 Alt

④ F1 F3 F6 F8 F10 F8 F6 F4 F2 Ctrl

 ④ F1 F3 F6 F8 F10 F8 F6 F4 F2 Ctrl

24

大韓民國 受驗生 必勝 戰略

① 太韓民國 受驗羊 必勝 戰略

② 大韓民國 受驗生 必勝 戰略

③ 大韓民國 受驗生 必勝 戰略

④ 大韓民國 受驗生 必勝 戰略

 ① 太韓民國 受驗羊 必勝 戰略

25

◀◀▷◁▶▶▷◁◀▶◀▷

① ◀◀▷◁▶▶▷◁◀▶◀▷

② ◀◀▷◁▶▶▷◁◀▶◀▷

③ ◀◀▷◁▶▶▷◁▷▶◀▷

④ ◀◀▷◁▶▶▷◁◀▶◀▷

 ③ ◀◀▷◁▶▶▷◁▷▶◀▷

26

烏飛梨落(오비이락)

① 烏飛梨落(오비이락)

② 烏飛梨落(오비이락)

③ 馬飛梨落(오비이락)

④ 烏飛梨落(오비이락)

 ③ 馬飛梨落(오비이락)

27

門外可設雀羅

① 門外可設雀羅

② 門外可設雀羅

③ 門外可設雀羅

④ 門外同設雀羅

 ④ 門外同設雀羅

28

1101010111101010011

① 1101010111101010011

② 1101010111101010011

③ 1101010111101100111

④ 1101010111101010011

 ③ 1101010111101<u>100</u>111

ANSWER 〉 23.④ 24.① 25.③ 26.③ 27.④ 28.③

┃29~36┃ 다음 짝지어진 문자 또는 숫자 중에서 서로 같은 것을 고르시오.

29 ① ⛓⛓⛓⛓⛓⛓⛓⛓⛓ – ⛓⛓⛓⛓⛓⛓⛓⛓⛓
② ⅄⅄Ⅴ⋔Ⅴ⋌⋋Ⅴ – ⅄⅄Ⅴ⋔Ⅴ⋌⋋Ⅴ
③ ㅃㅛㄴㅅㅿ 퐁ㅆㅓ – ㅃㅛㄴㅅㅿ 뼁ㅆㅓ
④ αγεηιλνορτ – αΞεηιλνοΘτ

① ⛓⛓⛓⛓⛓⛓⛓⛓⛓ – ⛓⛓⛓⛓⛓⛓⛓⛓⛓
③ ㅃㅛㄴㅅㅿ 퐁ㅆㅓ – ㅃㅛㄴㅅㅿ <u>뼁</u>ㅆㅓ
④ αγεηιλνορτ – α<u>Ξ</u>εηιλνο<u>Θ</u>τ

30 ① 1010011101010 – 1010011101010
② AFGZWJUNOPX – AFGZSJUNQPX
③ ㄱㅁㄴㄹㅈㅎㅍㅊ – ㄱㅁㄴㄹㅅㅎㅍㅊ
④ あいうえおけひ – あいウえエけひ

② AFGZWJUNOPX – AFGZ<u>S</u>JUN<u>Q</u>PX
③ ㄱㅁㄴㄹㅈㅎㅍㅊ – ㄱㅁㄴㄹ<u>ㅅ</u>ㅎㅍㅊ
④ あいうえおけひ – あい<u>ウ</u>え<u>エ</u>けひ

31 ① ≫≪≫≫≪≪≫≪ – ≫≪≫≫≪≪≫≪
② ♗♙♕♖♔♗♕♙ – ♗♙♕♜♚♗♕♙
③ АДЖИКФЭЮЪЕ – АДЖИКФЭЮЪ㏄
④ $4^3 2^1 4^2 5^7 7^3 8^4 6^9$ – $4^3 2^1 4^2 5^7 7^3 8^4 6^9$

① ≫≪≫≫≪≪≫≪ – ≫<u>≪</u>≫≫≪≪≫≪
② ♗♙♕♖♔♗♕♙ – ♗♙♕♜♚♗♕♙
③ АДЖИКФЭЮЪЕ – АДЖИКФЭЮЪ㏄

32　① SSERHVGRG – SSERHUGRG

　② LSRTHVFBR – LSRTHVFER

　③ ARHDCBRHD – ARHDCBRHD

　④ RTSDGERFE – RTSDGERFF

　① SSERHVGRG – SSERH<u>U</u>GRG
　② LSRTHVFBR – LSRTHVF<u>E</u>R
　④ RTSDGERFE – RTSDGER<u>F</u>F

33　① 一日之狗不知畏虎 – 一日之狗不智畏虎

　② 三年狗尾不爲黃毛 – 三年狗尾不爲黃毛

　③ 三歲之習至于八十 – 三歲之習至于人十

　④ 他人之宴日梨日柿 – 他人之宴白梨日柿

　① 一日之狗不知畏虎 – 一日之狗不<u>智</u>畏虎
　③ 三歲之習至于八十 – 三歲之習至于<u>人</u>十
　④ 他人之宴日梨日柿 – 他人之宴<u>白</u>梨日柿

34　① 1864354815 – 1864354915

　② 8439218426 – 8439218426

　③ 8621586589 – 8621586588

　④ 5721863548 – 5421863548

　① 1864354815 – 186435<u>4</u>915
　③ 8621586589 – 862158658<u>8</u>
　④ 5721863548 – 5<u>4</u>21863548

ANSWER ⟩ 29.② 30.① 31.④ 32.③ 33.② 34.②

35 ① ㄴㅇㄹㄴㅇㄹㅇㅌㅇㄹㅋㄱㄴ – ㄴㅇㄹㄴㅇㄹㅇㅌㅇㄹㅋㄱㄴ

② ㅅㄴㅍㅁㄴㄱㅊㅇㄹㅁㄴ – ㅈㄴㅍㅁㄴㄱㅊㅇㄹㅁㄴ

③ ㅍㅈㅁㅇㄹㅈㄷㄷㄹㅇㅂ – ㅍㅈㅁㅇㄹㅈㄷㄷㄹㅇㅍ

④ ㄷㅈㅁㅌㅊㅈㄷㅇㄹㄴㅊ – ㄷㅈㅁㄷㅊㅈㄷㅇㄹㄴㅊ

 ② ㅅㄴㅍㅁㄴㄱㅊㅇㄹㅁㄴ – <u>ㅈ</u>ㄴㅍㅁㄴㄱㅊㅇㄹㅁㄴ

③ ㅍㅈㅁㅇㄹㅈㄷㄷㄹㅇㅂ – ㅍㅈㅁㅇㄹㅈㄷㄷㄹㅇ<u>ㅍ</u>

④ ㄷㅈㅁㅌㅊㅈㄷㅇㄹㄴㅊ – ㄷㅈㅁ<u>ㄷ</u>ㅊㅈㄷㅇㄹㄴㅊ

36 ① 家和萬事成 – 家和萬事我

② 靑出於藍 靑於藍 – 靑出於藍 請於藍

③ 靑山只磨靑 – 靑山入磨靑

④ 狗逐鷄屋只眸 – 狗逐鷄屋只眸

 ① 家和萬事成 – 家和萬事<u>我</u>

② 靑出於藍 靑於藍 – 靑出於藍 <u>請</u>於藍

③ 靑山只磨靑 – 靑山<u>入</u>磨靑

┃37~45┃ 다음 짝지어진 문자 또는 숫자 중에서 서로 다른 것을 고르시오.

37 ① 寤寐不忘 – 寤寐不志　　② 他山之石 – 他山之石

③ 亡羊補牢 – 亡羊補牢　　④ 借廳借閨 – 借廳借閨

 ① 寤寐不忘 – 寤寐不<u>志</u>

38 ① IDENTITY – IDENTITY　　② POSITIVE – POSITIVE

③ FAVORABLE – FAVORABLE　　④ PLEASANT – PLEASAVT

 ④ PLEASANT – PLEASA<u>V</u>T

39 ① 1110101011 − 1110101011
② 1110101101 − 1110101101
③ 1001010110 − 1001010110
④ 0100010111 − 0100010011

 ④ 0100010111 − 0100010011

40 ① 11101100011101011 − 11101100011101011
② 1110101001101011 − 1110101001101011
③ 10000010000101011 − 10000010000101011
④ 10101101111100100 − 10101101111101000

 ④ 10101101111100100 − 10101101111101000

41 ① ADOUVWXTVN − ADOUVWXTVN
② STUVZNMOBNDT − STUVZNMOBNDT
③ CNNMANTBOV − CNNMANTBDV
④ HAHAHAAHAH − HAHAHAAHAH

 ③ CNNMANTBOV − CNNMANTBDV

42 ① 츄코츄코카괴퇴멍겅굉 − 츄코츄코카괴틔멍겅굉
② 푸르딩딩컹콩크몽트치 − 푸르딩딩컹콩크몽트치
③ 푸쿠푸트동키논딩난랑 − 푸쿠푸트동키논딩난랑
④ 하르랑크트프로호링타 − 하르랑크트프로호링타

 ① 츄코츄코카괴퇴멍겅굉 − 츄코츄코카괴틔멍겅굉

ANSWER 〉 35.① 36.④ 37.① 38.④ 39.④ 40.④ 41.③ 42.①

43 ① ◇○□◎◁◁□▣ － ◇○□◎◁◁□▣

② ◈◎▣□○▷△□ － ◈◎▣□○▷▽□

③ △▽□○▣△◁◎ － △▽□○▣△◁◎

④ ◎▶◁■□○△ － ◎▶◁■□○△

Tip ② ◈◎▣□○▷<u>△</u>□ － ◈◎▣□○▷<u>▽</u>□

44 ① 鴉麇跢賱羌 － 鴉麇跢賱羌

② 釪漓拏懶絊 － 釪漓拏懶絊

③ 砵鮶譺颸躒 － 砵鮶譺颸鑠

④ 考覼韗齛恦 － 考覼韗齛恦

Tip ③ 砵鮶譺颸<u>躒</u> － 砵鮶譺颸<u>鑠</u>

45 ① 31526279532 － 31526279532

② pneumoconiosis － pneumoconiocis

③ millennium － millennium

④ 가갸거겨고교구규 － 가갸거겨고교구규

Tip ② pneumoconio<u>s</u>is － pneumoconio<u>c</u>is

46

A시의 한 고등학교의 경우 학교 내에 숲을 조성한 후 학생들의 환경 교육에 활용함으로써 자연 친화적 태도 함양에 효과가 있었다. 또한 인근 지역 주민들에게 쉼터 및 여가 공간을 제공함으로써 삶의 만족도가 높아졌다고 한다. 그래서 A시에서는 학교 숲 조성 사업을 확대 실시하기로 하고, 녹지 공간이 부족한 지역의 학교를 우선 선정할 계획이라고 발표했다.

A시의 한 고등학교의 경우 학교 내에 숲을 조성한 뒤 학생들의 환경 교육에 활용함으로써 자연 친화적 태도 함양에 효과가 있었다. 또한 인근 지역 주민들에게 쉼터 및 여가 공간을 제공함으로써 삶의 만족도가 높아졌다고 한다. 그래서 A시에서는 학교 숲 조성 사업을 확대 실사하기로 하고, 녹지 공간이 부족한 지역의 학교를 우선 선정할 계획이라고 발표했다.

① 1개   ② 2개

③ 3개   ④ 4개

 조성한 <u>후</u> – 조성한 <u>뒤</u>
확대 <u>실시</u>하기로 – 확대 <u>실사</u>하기로

47

> 옥수수, 사탕수수 등을 원료로 하는 바이오연료는 화석연료에 비해 에너지 효율은 낮지만 기존의 화석연료를 대체하는 신재생에너지로 주목받고 있다. 브라질에서는 넓은 면적의 열대우림을 농경지로 개간하여 바이오연료를 생산함으로써 막대한 경제적 이익을 올리고 있다. 하지만 바이오연료는 생산 과정에서 화학비료나 농약 등을 과도하게 사용하여 여러 환경문제를 발생시켰다. 또한 식량자원을 연료로 사용함으로써 저개발국의 식량보급에 문제를 발생시켰다.

> 옥수수, 사탕수수 등을 원료로 하는 바이오연료는 화석연료에 비해 에너지 효율은 낮지만 기존의 화석연료를 대체하는 신재생에너지로 주목하고 있다. 브라질에서는 넓은 면적의 열대우림을 농경지로 개발하여 바이오연료를 생산함으로써 막대한 경제적 이익을 올리고 있다. 하지만 바이오연료는 생산 과정에서 화학비료나 농약 등을 과도하게 이용하여 여러 환경문제를 발생시켰다. 또한 식량자원을 연료로 사용함으로써 저개발국의 식량보급에 문제를 발생시켰다.

① 0개   ② 1개

③ 2개   ④ 3개

 주목받고 – 주목하고
개간하여 – 개발하여
사용하여 – 이용하여

48

지구 밖에서 온 운석은 태양계와 지구의 비밀을 풀 수 있는 중요한 자료가 된다. 태양계가 탄생할 때 생겨난 운석에는 태양계가 탄생할 당시에 어떤 일이 있었는지를 알 수 있는 정보가 담겨 있고, 태양계가 생성된 이후의 운석에는 소행성이나 화성과 같은 행성의 초기 진화에 대한 기록이 보존되어있다. 그리고 소행성의 핵에서 떨어져 나온 철질운석은 지구의 내부 중심인 핵이 어떤 물질로 구성되어 있는지 연구할 수 있는 소중한 자료가 된다.

지구 밖에서 온 운석은 태양계와 지구의 비밀을 풀 수 있는 중요한 자료가 된다. 태양계가 탄생할 때 생겨난 운석에는 태양계가 탄생할 당시에 어떤 일이 있었는지를 알 수 있는 정보가 담겨 있고, 태양계가 생성된 이후의 운석에는 소행성이나 화성과 같은 행성의 초기 진화에 대한 기록이 보존되어있다. 그리고 소행성의 핵에서 떨어져 나온 철질운석은 지구의 내부 중심인 핵이 어떤 물질로 구성되어 있는지 연구할 수 있는 소중한 자료가 된다.

① 0개   ② 1개

③ 2개   ④ 3개

 ① 다른 곳 없이 모두 동일한 문장이다.

49

　　삼국 시대라 함은 '고구려, 백제, 신라' 3국을 중심으로 우리나라의 고대사를 인식하는 것을 말한다. 고대사에서 국가의 발전 단계는 소국들이 모여 연맹 왕국을 이루고, 나아가 왕권이 강화된 중앙집권적 고대 국가로 성장하는 과정을 거친다. 고조선 이후 한반도에서 고대 국가로 성장한 나라는 고구려, 백제, 신라 3국뿐이었다. 가야는 5, 6세기까지 3국과 함께 존재하였지만 고대 국가로 성장하지 못하고 연맹 왕국 단계에 머무른 채 멸망하였다.

　　삼국 시대라 함은 '고구려, 백제, 신라' 3국을 중심으로 우리나라의 고대사를 인지하는 것을 말한다. 고대사에서 국가의 발전 단계는 소국들이 모여 연맹 왕국을 이루고, 나아가 왕권이 강화된 중앙집권적 고대 국가로 성장하는 과정을 거친다. 고조선 이후 한반도에서 고대 국가로 성장한 나라는 고구려, 백제, 신라 3국뿐이었다. 가야는 5, 6세기까지 3국과 함께 존재하였지만 고대 국가로 성장하지 못하고 연맹 왕국 단계에 머무른 채 멸망하였다.

① 0개　　　　　　　　　　② 1개

③ 2개　　　　　　　　　　④ 3개

 인식하는 것 – 인지하는 것

50

> 인류 역사에서 화폐의 등장은 획기적인 일이었다. 교환을 매개함으로써 사람들 사이에 일어나는 거래를 편리하게 해 주었고, 가치를 평가하고 저장함으로써 분쟁을 줄이고, 물건 가치의 보관과 유지, 축적을 쉽게 해 주었다. 이처럼 화폐는 경제 활동의 중요한 수단이다. 그런 의미에서 화폐 없는 인간 사회는 상상하기 어려울지 모른다.

> 인류 역사에서 화폐의 등장은 획기적인 것이었다. 교환을 매개함으로써 사람들 사이에 일어나는 거래를 편안하게 해 주었고, 가치를 평가하고 저장함으로써 분란을 줄이고, 물건 가치의 보관과 유지, 축척을 쉽게 해 주었다. 이처럼 화폐는 경제 활동의 중요한 수단이다. 그런 의미에서 화폐 없는 인간 사회는 상상하기 어려울지 모른다.

① 2개   ② 3개
③ 4개   ④ 5개

 획기적인 일 – 획기적인 것
편리하게 – 편안하게
분쟁을 – 분란을
축적을 – 축척을

※ 51~59번 문제는 해설이 없습니다.

51

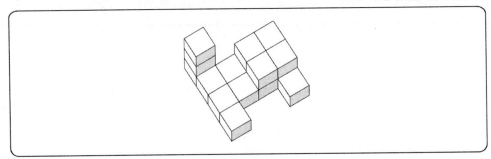

① 16개   ② 17개

③ 18개   ④ 19개

52

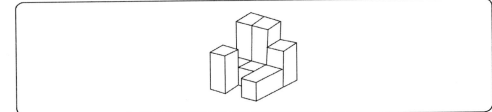

① 5개   ② 6개

③ 7개   ④ 8개

53

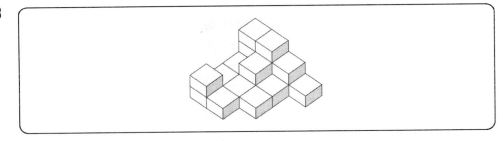

① 18개   ② 19개

③ 20개   ④ 21개

54

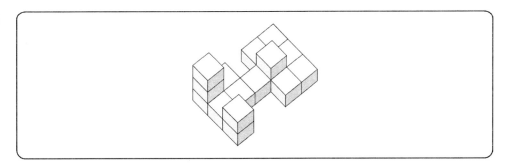

① 16개   ② 17개

③ 18개   ④ 19개

55

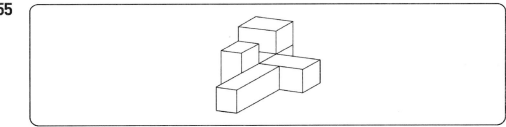

① 5개   ② 6개

③ 8개   ④ 9개

56

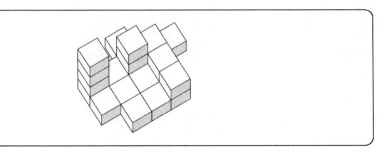

① 20개   ② 21개
③ 22개   ④ 23개

57

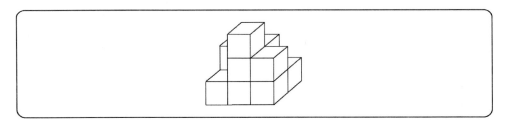

① 10개   ② 11개
③ 12개   ④ 13개

58

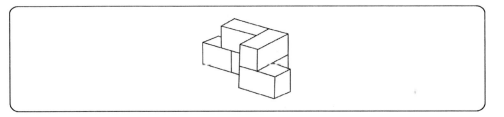

① 5개   ② 6개
③ 7개   ④ 8개

59

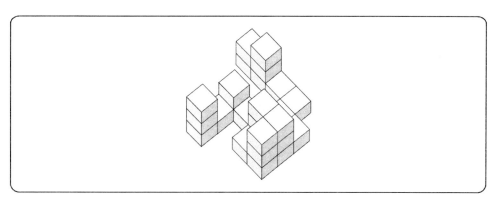

① 25개   ② 26개
③ 27개   ④ 28개

▌60~64▌ 다음 제시된 블록에서 바닥에 닿은 면을 제외하고 1면만 보이는 블록의 개수를 고르시오.

60

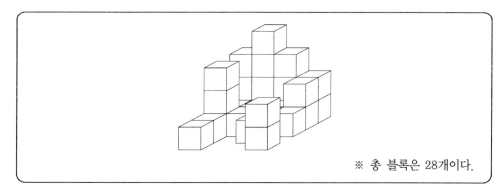

※ 총 블록은 28개이다.

① 4개   ② 5개
③ 6개   ④ 7개

 맨 아래층의 블록 중 다음에 표시된 7개가 바닥에 닿은 면을 제외하고 1면만 보인다.

2	1	1	2
2	1	1	1
1	2	1	3
3		4	
4			4

ANSWER 〉 56.② 57.② 58.① 59.② 60.④

61

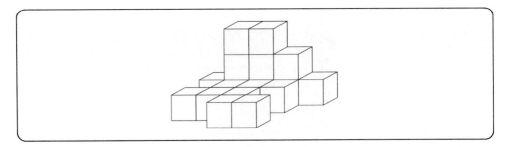

① 2개   ② 3개

③ 4개   ④ 5개

 다음에 표시된 맨 아래층 블록 4개가 1면만 보인다.

4	1	1	1	4
		2	1	3
4	2	2		
			3	4

62

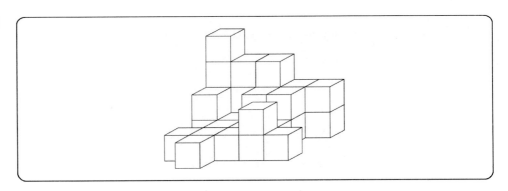

① 6개   ② 7개

③ 8개   ④ 9개

 다음에 표시된 맨 아래층 블록 8개와 2층의 블록 1개가 1면만 보인다.

2	1	1	1	3
2	1	0	1	
		2	1	2
4	1	2	1	4
		4		

2	2	1	2	4
4		3	3	
	5			

63

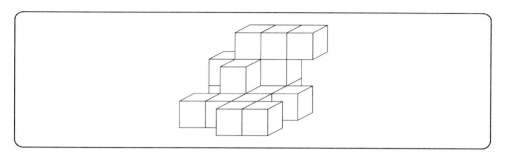

① 1개
② 2개
③ 3개
④ 4개

 다음에 표시된 맨 아래층 블록 3개와 2층의 블록 1개가 1면만 보인다.

3	1	2	
	1	1	4
4	2	2	
		3	4

4	1	3
	4	

64

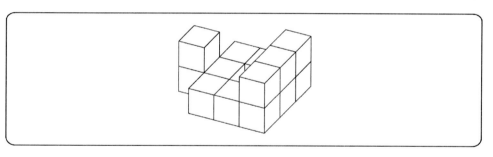

① 0개
② 1개
③ 2개
④ 3개

 주어진 블록은 모두 바닥면을 제외하고도 2면 이상 보인다.

ANSWER › 61.③ 62.④ 63.④ 64.①

|65~69| 다음 제시된 블록에서 바닥에 닿은 면을 제외하고 3면만 보이는 블록의 개수를 고르시오.

65

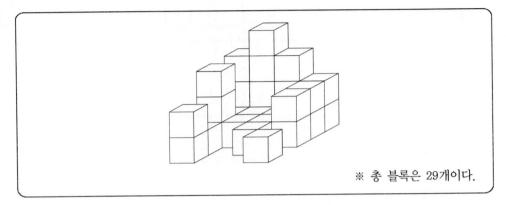

※ 총 블록은 29개이다.

① 3개   ② 4개
③ 5개   ④ 6개

 다음에 표시된 맨 아래층 블록 2개와 2층의 블록 3개가 3면만 보인다.

2	1	1	2
2	1	1	1
1	2	1	2
3		4	
3			5

3	2	2	3
			3
4			4
5			

66

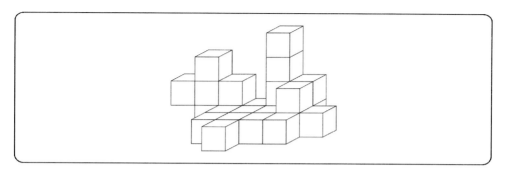

① 3개   ② 4개
③ 5개   ④ 6개

 다음에 표시된 맨 아래층 블록 3개와 2층의 블록 2개가 3면만 보인다.

3	1	2	1	2
	2	1	1	0	4
3		1	2	3
		4		

5	2	4

3	3
	4

67

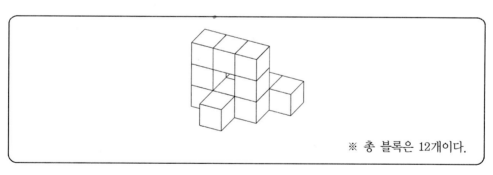

※ 총 블록은 12개이다.

① 0개   ② 1개
③ 2개   ④ 3개

 다음에 표시된 맨 아래층 블록 2개가 3면만 보인다.

	3	2	4
3	1	2	
	4		

ANSWER › 65.③ 66.③ 67.③

68

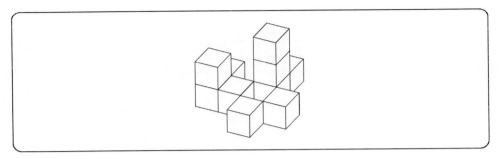

① 0개   ② 1개

③ 2개   ④ 3개

 다음에 표시된 맨 아래층 블록 1개가 3면만 보인다.

69

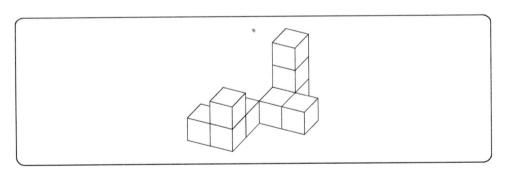

① 0개   ② 1개

③ 2개   ④ 3개

 다음에 표시된 맨 아래층 블록 2개가 3면만 보인다.

|70~74| 다음 제시된 블록에서 바닥에 닿은 면을 제외하고 어디서도 보이지 않는 블록의 개수를 고르시오.

70

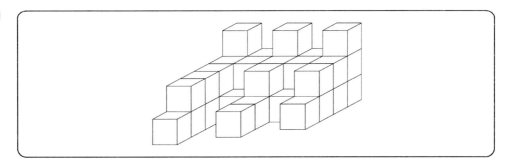

① 3개   ② 4개

③ 5개   ④ 6개

 다음에 표시된 맨 아래층 블록 4개가 어디서도 보이지 않는다.

2	1	1	1	2
1	0	0	0	1
1	2	0	2	1
2		3		4
2		4		
4				

71

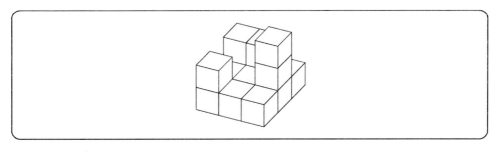

① 0개   ② 1개

③ 2개   ④ 3개

 모든 블록이 1면 이상 외부로 노출되어 있다.

ANSWER 〉 68.②   69.③   70.②   71.①

72

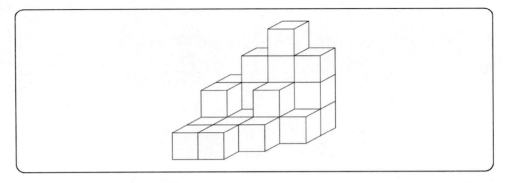

① 1개   ② 2개

③ 3개   ④ 4개

 다음에 표시된 맨 아래층 블록 1개가 어디서도 보이지 않는다.

2	1	1	2
1	1	0	3
2	1	3	
3	3		

73

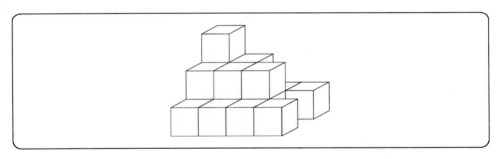

① 0개   ② 1개

③ 2개   ④ 3개

 다음에 표시된 맨 아래층 블록 1개가 어디서도 보이지 않는다.

2	1	2	4
1	0	1	
3	2	2	4

74

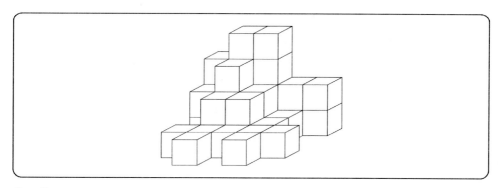

① 3개   ② 4개

③ 5개   ④ 6개

 다음에 표시된 맨 아래층 블록 3개와 2층의 블록 1개가 어디서도 보이지 않는다.

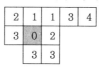

┃75~79┃ 다음은 모양과 크기가 같은 정육면체의 블록을 쌓은 것이다. 주어진 블록의 모양은 그대로 두고 최소한의 블록을 더 추가해서 정육면체로 만들려고 한다. 몇 개의 블록이 더 필요한지 고르시오.

75

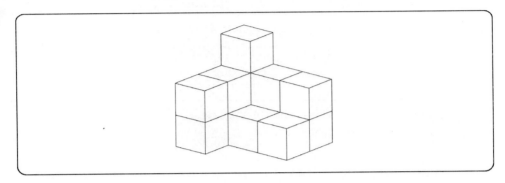

① 10개

③ 14개

② 12개

④ 16개

 3×3 정육면체(블록 27개)를 만들 수 있다. 주어진 블록이 총 13개이므로 필요한 블록은 14개이다.

76

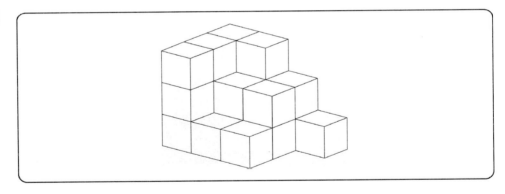

① 7개

③ 40개

② 15개

④ 43개

 오른쪽에 튀어나온 블록 1개 때문에 4×4 정육면체(64개)를 만들 수 있다. 주어진 블록이 21개이므로 필요한 블록은 43개이다.

77

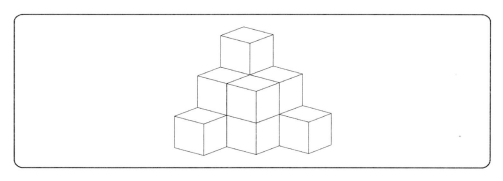

① 10개   ② 12개

③ 14개   ④ 16개

 3×3 정육면체(블록 27개)를 만들 수 있다. 주어진 블록이 총 11개이므로 필요한 블록은 16
개이다.

78

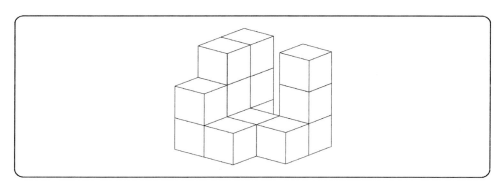

① 12개   ② 13개

③ 14개   ④ 15개

 3×3 정육면체(블록 27개)를 만들 수 있다. 주어진 블록이 총 14개이므로 필요한 블록은 13
개이다.

ANSWER 〉 75.③ 76.④ 77.④ 78.②

79

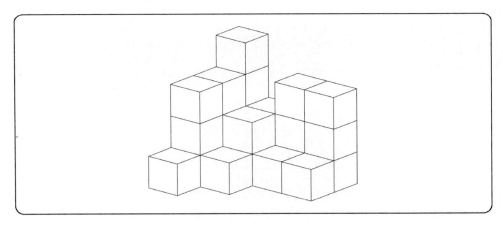

① 40개　　　　　　　　② 42개
③ 44개　　　　　　　　④ 46개

 4×4 정육면체(블록 64개)를 만들 수 있다. 주어진 블록이 총 24개이므로 필요한 블록은 40개
이다.

▌80~84▐ 다음과 같이 쌓인 블록의 바닥면을 제외하고 밖으로 노출된 모든 면에 페인트를 칠하려
고 한다. 한 면에만 페인트칠이 되는 블록은 모두 몇 개인지 고르시오.

80

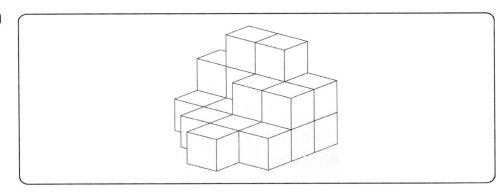

① 3개　　　　　　　　② 4개
③ 5개　　　　　　　　④ 6개

밖으로 노출된 면이 1면인 블록을 찾아야 한다. 맨 아래층 블록부터 순서대로 다음과 같은 개수의 면이 밖으로 노출되어 페인트가 칠해진다.

2	1	1	2		4	2	1	3		4	4
3	1	0	1				3	4			
		3	1	3							
			4								

81

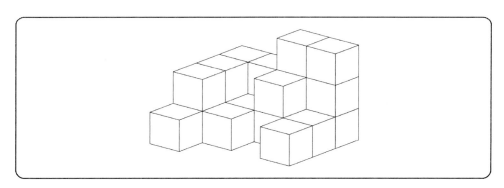

① 7개 　　　　　　　　　　　① 8개

③ 9개 　　　　　　　　　　　④ 10개

 밖으로 노출된 면이 1면인 블록을 찾아야 한다. 맨 아래층 블록부터 순서대로 다음과 같은 개수의 면이 밖으로 노출되어 페인트가 칠해진다.

2	1	1	2		3	3	1	3		4	4
1	1	1	2		3		4				
1	3		4		4						
4											

ANSWER 〉 79.① 80.④ 81.①

82

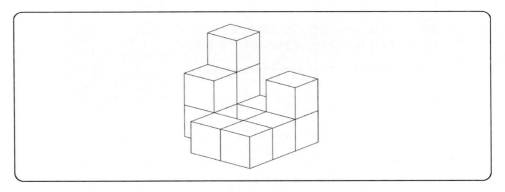

① 0개 ② 1개
③ 2개 ④ 3개

 밖으로 노출된 면이 1면인 블록을 찾아야 한다. 맨 아래층 블록부터 순서대로 다음과 같은 개수의 면이 밖으로 노출되어 페인트가 칠해진다.

83

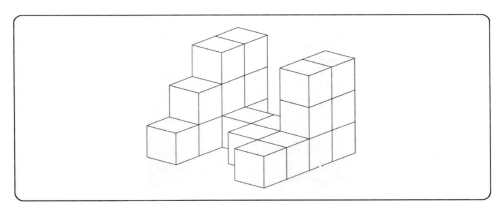

① 0개 ② 1개
③ 2개 ④ 3개

밖으로 노출된 면이 1면인 블록을 찾아야 한다. 맨 아래층 블록부터 순서대로 다음과 같은 개수의 면이 밖으로 노출되어 페인트가 칠해진다.

3			3
1	3	2	1
2		3	2
4			4

3
2
4

3	4
3	4

4
4

84

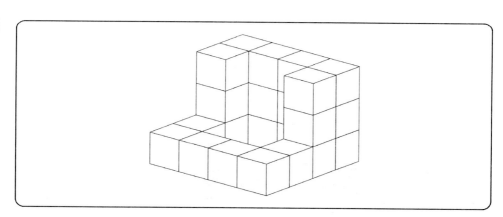

① 0개   ② 1개

③ 2개   ④ 3개

 밖으로 노출된 면이 1면인 블록을 찾아야 한다. 맨 아래층 블록부터 순서대로 다음과 같은 개수의 면이 밖으로 노출되어 페인트가 칠해진다.

2	2	2	2
2			2
3			3
3	3	3	3

2	2	2	2
3			3

3	3	3	3
4			4

85

① ㄱㄹㄷㄴ   ② ㄱㄷㄹㄴ
③ ㄴㄱㄹㄷ   ④ ㄱㄹㄴㄷ

 그림의 중심이 되는 잘려진 집과 길의 모양을 보고 끊어짐 없이 연결한다.

86

① ㉠㉡㉢㉣   ② ㉣㉠㉡㉢
③ ㉢㉠㉡㉣   ④ ㉢㉡㉠㉣

 그림에서 가장 중심이 되는 다리의 모양과 폭을 기준으로 연결한다.

87

① ㄱㄹㄴㄷ   ② ㄴㄷㄱㄹ

③ ㄷㄱㄴㄹ   ④ ㄹㄱㄴㄷ

 난간, 다리, 배 등의 잘려진 단면을 보고 유추하여 그림을 배열한다.

88

① ㉠㉢㉡㉣   ② ㉡㉣㉠㉢

③ ㉢㉡㉠㉣   ④ ㉢㉡㉣㉠

ANSWER › 87.② 88.①

89

① ㄴㄷㄹㄱ   ② ㄴㄹㄱㄷ

③ ㄹㄱㄷㄴ   ④ ㄹㄱㄴㄷ

90

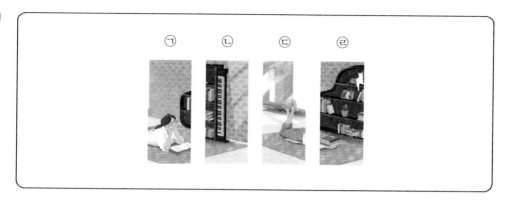

① ㄷㄱㄹㄴ   ② ㄹㄴㄱㄷ

③ ㄷㄱㄴㄹ   ④ ㄹㄷㄱㄴ

 엎드려 있는 사람과 책장의 모양을 기준으로 연결한다.

91

① ㉠㉢㉡㉣ ② ㉡㉣㉠㉢

③ ㉣㉠㉡㉢ ④ ㉢㉠㉡㉣

 여자아이의 얼굴과 전자레인지의 모양에 유의하여 연결한다.

92

① ㉠㉣㉢㉡   ② ㉡㉠㉢㉣
③ ㉢㉡㉠㉣   ④ ㉣㉠㉡㉢

 여자가 앉은 의자와 책상의 책, 수도 등의 모양에 유의하여 연결한다.

93

① ㉠㉡㉣㉢   ② ㉣㉢㉡㉠

③ ㉠㉢㉡㉣   ④ ㉣㉢㉠㉡

 그림의 중심이 되는 자전거와 매트를 중심으로 그림을 연결한다.

94

① ㉠㉢㉡㉣

② ㉡㉢㉣㉠

③ ㉢㉠㉣㉡

④ ㉣㉠㉢㉡

 그림의 중심에 있는 타이어와 여자의 모양에 유의하여 그림을 연결한다.

PART

II

인성검사

01 인성검사의 개요

1 인성(성격)검사의 개념과 목적

인성(성격)이란 개인을 특징짓는 평범하고 일상적인 사회적 이미지, 즉 지속적이고 일관된 공적 성격(Public – personality)이며, 환경에 대응함으로써 선천적·후천적 요소의 상호작용으로 결정화된 심리적·사회적 특성 및 경향을 의미한다.

인성검사는 직무적성검사를 실시하는 대부분의 기업체에서 병행하여 실시하고 있으며, 인성검사만 독자적으로 실시하는 기업도 있다.

기업체에서는 인성검사를 통하여 각 개인이 어떠한 성격 특성이 발달되어 있고, 어떤 특성이 얼마나 부족한지, 그것이 해당 직무의 특성 및 조직문화와 얼마나 맞는지를 알아보고 이에 적합한 인재를 선발하고자 한다. 또한 개인에게 적합한 직무 배분과 부족한 부분을 교육을 통해 보완하도록 할 수 있다.

인성검사의 측정요소는 검사방법에 따라 차이가 있다. 또한 각 기업체들이 사용하고 있는 인성검사는 기존에 개발된 인성검사방법에 각 기업체의 인재상을 적용하여 자신들에게 적합하게 재개발하여 사용하는 경우가 많다. 그러므로 기업체에서 요구하는 인재상을 파악하여 그에 따른 대비책을 준비하는 것이 바람직하다. 본서에서 제시된 인성검사는 크게 '특성'과 '유형'의 측면에서 측정하게 된다.

2 성격의 특성

(1) 정서적 측면

정서적 측면은 평소 마음의 당연시하는 자세나 정신상태가 얼마나 안정하고 있는지 또는 불안정한지를 측정한다.

정서의 상태는 직무수행이나 대인관계와 관련하여 태도나 행동으로 드러난다. 그러므로 정서적 측면을 측정하는 것에 의해, 장래 조직 내의 인간관계에 어느 정도 잘 적응할 수 있을까(또는 적응하지 못할까)를 예측하는 것이 가능하다.

그렇기 때문에, 정서적 측면의 결과는 채용 시에 상당히 중시된다. 아무리 능력이 좋아도 장기적으로 조직 내의 인간관계에 잘 적응할 수 없다고 판단되는 인재는 기본적으로는 채용되지 않는다.

일반적으로 인성(성격)검사는 채용과는 관계없다고 생각하나 정서적으로 조직에 적응하지 못하는 인재는 채용단계에서 가려내지는 것을 유의하여야 한다.

① 민감성(신경도) … 꼼꼼함, 섬세함, 성실함 등의 요소를 통해 일반적으로 신경질적인지 또는 자신의 존재를 위협받는다는 불안을 갖기 쉬운지를 측정한다.

질문	그렇다	약간 그렇다	그저 그렇다	별로 그렇지 않다	그렇지 않다
• 배려적이라고 생각한다. • 어지러진 방에 있으면 불안하다. • 실패 후에는 불안하다. • 세세한 것까지 신경쓴다. • 이유 없이 불안할 때가 있다.					

▶측정결과

㉠ '그렇다'가 많은 경우(상처받기 쉬운 유형) : 사소한 일에 신경 쓰고 다른 사람의 사소한 한마디 말에 상처를 받기 쉽다.
• 면접관의 심리 : '동료들과 잘 지낼 수 있을까?', '실패할 때마다 위축되지 않을까?'
• 면접대책 : 다소 신경질적이라도 능력을 발휘할 수 있다는 평가를 얻도록 한다. 주변과 충분한 의사소통이 가능하고, 결정한 것을 실행할 수 있다는 것을 보여주어야 한다.
㉡ '그렇지 않다'가 많은 경우(정신적으로 안정적인 유형) : 사소한 일에 신경 쓰지 않고 금방 해결하며, 주위 사람의 말에 과민하게 반응하지 않는다.
• 면접관의 심리 : '계약할 때 필요한 유형이고, 사고 발생에도 유연하게 대처할 수 있다.'
• 면접대책 : 일반적으로 '민감성'의 측정치가 낮으면 플러스 평가를 받으므로 더욱 자신감 있는 모습을 보여준다.

② **자책성(과민도)** ··· 자신을 비난하거나 책망하는 정도를 측정한다.

질문	그렇다	약간 그렇다	그저 그렇다	별로 그렇지 않다	그렇지 않다
• 후회하는 일이 많다. • 자신이 하찮은 존재라 생각된다. • 문제가 발생하면 자기의 탓이라고 생각한다. • 무슨 일이든지 끙끙대며 진행하는 경향이 있다. • 온순한 편이다.					

▶측정결과

㉠ '그렇다'가 많은 경우(자책하는 유형) : 비관적이고 후회하는 유형이다.
 • 면접관의 심리 : '끙끙대며 괴로워하고, 일을 진행하지 못할 것 같다.'
 • 면접대책 : 기분이 저조해도 항상 의욕을 가지고 생활하는 것과 책임감이 강하다는 것을 보여준다.
㉡ '그렇지 않다'가 많은 경우(낙천적인 유형) : 기분이 항상 밝은 편이다.
 • 면접관의 심리 : '안정된 대인관계를 맺을 수 있고, 외부의 압력에도 흔들리지 않는다.'
 • 면접대책 : 일반적으로 '자책성'의 측정치가 낮아야 좋은 평가를 받는다.

③ **기분성(불안도)** ··· 기분의 굴곡이나 감정적인 면의 미숙함이 어느 정도인지를 측정하는 것이다.

질문	그렇다	약간 그렇다	그저 그렇다	별로 그렇지 않다	그렇지 않다
• 다른 사람의 의견에 자신의 결정이 흔들리는 경우가 많다. • 기분이 쉽게 변한다. • 종종 후회한다. • 다른 사람보다 의지가 약한 편이라고 생각한다. • 금방 싫증을 내는 성격이라는 말을 자주 듣는다.					

▶측정결과

㉠ '그렇다'가 많은 경우(감정의 기복이 많은 유형) : 의지력보다 기분에 따라 행동하기 쉽다.
 • 면접관의 심리 : '감정적인 것에 약하며, 상황에 따라 생산성이 떨어지지 않을까?'
 • 면접대책 : 주변 사람들과 항상 협조한다는 것을 강조하고 한결같은 상태로 일할 수 있다는 평가를 받도록 한다.
㉡ '그렇지 않다'가 많은 경우(감정의 기복이 적은 유형) : 감정의 기복이 없고, 안정적이다.
 • 면접관의 심리 : '안정적으로 업무에 임할 수 있다.'
 • 면접대책 : 기분성의 측정치가 낮으면 플러스 평가를 받으므로 자신감을 가지고 면접에 임한다.

④ 독자성(개인도) … 주변에 대한 견해나 관심, 자신의 견해나 생각에 어느 정도의 속박감을 가지고 있는지를 측정한다.

질문	그렇다	약간 그렇다	그저 그렇다	별로 그렇지 않다	그렇지 않다
• 창의적 사고방식을 가지고 있다. • 융통성이 없는 편이다. • 혼자 있는 편이 많은 사람과 있는 것보다 편하다. • 개성적이라는 말을 듣는다. • 교제는 번거로운 것이라고 생각하는 경우가 많다.					

▶측정결과

㉠ '그렇다'가 많은 경우 : 자기의 관점을 중요하게 생각하는 유형으로, 주위의 상황보다 자신의 느낌과 생각을 중시한다.

• 면접관의 심리 : '제멋대로 행동하지 않을까?'

• 면접대책 : 주위 사람과 협조하여 일을 진행할 수 있다는 것과 상식에 얽매이지 않는다는 인상을 심어준다.

㉡ '그렇지 않다'가 많은 경우 : 상식적으로 행동하고 주변 사람의 시선에 신경을 쓴다.

• 면접관의 심리 : '다른 직원들과 협조하여 업무를 진행할 수 있겠다.'

• 면접대책 : 협조성이 요구되는 기업체에서는 플러스 평가를 받을 수 있다.

⑤ **자신감(자존심도)** ··· 자기 자신에 대해 얼마나 긍정적으로 평가하는지를 측정한다.

질문	그렇다	약간 그렇다	그저 그렇다	별로 그렇지 않다	그렇지 않다
• 다른 사람보다 능력이 뛰어나다고 생각한다. • 다소 반대의견이 있어도 나만의 생각으로 행동할 수 있다. • 나는 다른 사람보다 기가 센 편이다. • 동료가 나를 모욕해도 무시할 수 있다. • 대개의 일을 목적한 대로 헤쳐나갈 수 있다고 생각한다.					

▶측정결과

㉠ '그렇다'가 많은 경우 : 자기 능력이나 외모 등에 자신감이 있고, 비판당하는 것을 좋아하지 않는다.

• 면접관의 심리 : '자만하여 지시에 잘 따를 수 있을까?'

• 면접대책 : 다른 사람의 조언을 잘 받아들이고, 겸허하게 반성하는 면이 있다는 것을 보여주고, 동료들과 잘 지내며 리더의 자질이 있다는 것을 강조한다.

㉡ '그렇지 않다'가 많은 경우 : 자신감이 없고 다른 사람의 비판에 약하다.

• 면접관의 심리 : '패기가 부족하지 않을까?', '쉽게 좌절하지 않을까?'

• 면접대책 : 극도의 자신감 부족으로 평가되지는 않는다. 그러나 마음이 약한 면은 있지만 의욕적으로 일을 하겠다는 마음가짐을 보여준다.

⑥ 고양성(분위기에 들뜨는 정도) … 자유분방함, 명랑함과 같이 감정(기분)의 높고 낮음의 정도를 측정한다.

질문	그렇다	약간 그렇다	그저 그렇다	별로 그렇지 않다	그렇지 않다
• 침착하지 못한 편이다. • 다른 사람보다 쉽게 우쭐해진다. • 모든 사람이 아는 유명인사가 되고 싶다. • 모임이나 집단에서 분위기를 이끄는 편이다. • 취미 등이 오랫동안 지속되지 않는 편이다.					

▶측정결과

㉠ '그렇다'가 많은 경우 : 자극이나 변화가 있는 일상을 원하고 기분을 들뜨게 하는 사람과 친밀하게 지내는 경향이 강하다.

• 면접관의 심리 : '일을 진행하는 데 변덕스럽지 않을까?'

• 면접대책 : 밝은 태도는 플러스 평가를 받을 수 있지만, 착실한 업무능력이 요구되는 직종에서는 마이너스 평가가 될 수 있다. 따라서 자기조절이 가능하다는 것을 보여준다.

㉡ '그렇지 않다'가 많은 경우 : 감정이 항상 일정하고, 속을 드러내 보이지 않는다.

• 면접관의 심리 : '안정적인 업무 태도를 기대할 수 있겠다.'

• 면접대책 : '고양성'의 낮음은 대체로 플러스 평가를 받을 수 있다. 그러나 '무엇을 생각하고 있는지 모르겠다' 등의 평을 듣지 않도록 주의한다.

⑦ 허위성(진위성) … 필요 이상으로 자기를 좋게 보이려 하거나 기업체가 원하는 '이상형'에 맞춘 대답을 하고 있는지, 없는지를 측정한다.

질문	그렇다	약간 그렇다	그저 그렇다	별로 그렇지 않다	그렇지 않다
• 약속을 깨뜨린 적이 한 번도 없다. • 다른 사람을 부럽다고 생각해 본 적이 없다. • 꾸지람을 들은 적이 없다. • 사람을 미워한 적이 없다. • 화를 낸 적이 한 번도 없다.					

▶측정결과

㉠ '그렇다'가 많은 경우 : 실제의 자기와는 다른, 말하자면 원칙으로 해답할 가능성이 있다.

• 면접관의 심리 : '거짓을 말하고 있다.'

• 면접대책 : 조금이라도 좋게 보이려고 하는 '거짓말쟁이'로 평가될 수 있다. '거짓을 말하고 있다.'는 마음 따위가 전혀 없다 해도 결과적으로는 정직하게 답하지 않는다는 것이 되어 버린다. '허위성'의 측정 질문은 구분되지 않고 다른 질문 중에 섞여 있다. 그러므로 모든 질문에 솔직하게 답하여야 한다. 또한 자기 자신과 너무 동떨어진 이미지로 답하면 좋은 결과를 얻지 못한다. 그리고 면접에서 '허위성을 기본으로 한 질문을 받게 되므로 당황하거나 또다른 모순된 답변을 하게 된다. 걸치레를 하거나 무리한 욕심을 부리지 말고 '이런 사회인이 되고 싶다.'는 현재의 자신보다, 조금 성장한 자신을 표현하는 정도가 적당하다.

㉡ '그렇지 않다'가 많은 경우 : 냉정하고 정직하며, 외부의 압력과 스트레스에 강한 유형이다. '대쪽 같음'의 이미지가 굳어지지 않도록 주의한다.

(2) 행동적인 측면

행동적 측면은 인격 중에 특히 행동으로 드러나기 쉬운 측면을 측정한다. 사람의 행동 특징 자체에는 선도 악도 없으나, 일반적으로는 일의 내용에 의해 원하는 행동이 있다. 때문에 행동적 측면은 주로 직종과 깊은 관계가 있는데 자신의 행동 특성을 살려 적합한 직종을 선택한다면 플러스가 될 수 있다.

행동 특성에서 보여 지는 특징은 면접장면에서도 드러나기 쉬운데 본서의 모의 TEST의 결과를 참고하여 자신의 태도, 행동이 면접관의 시선에 어떻게 비치는지를 점검하도록 한다.

① **사회적 내향성** … 대인관계에서 나타나는 행동경향으로 '낯가림'을 측정한다.

질문	선택
A : 파티에서는 사람을 소개받은 편이다. B : 파티에서는 사람을 소개하는 편이다.	
A : 처음 보는 사람과는 어색하게 시간을 보내는 편이다. B : 처음 보는 사람과는 즐거운 시간을 보내는 편이다.	
A : 친구가 적은 편이다. B : 친구가 많은 편이다.	
A : 자신의 의견을 말하는 경우가 적다. B : 자신의 의견을 말하는 경우가 많다.	
A : 사교적인 모임에 참석하는 것을 좋아하지 않는다. B : 사교적인 모임에 항상 참석한다.	

▶측정결과

㉠ 'A'가 많은 경우 : 내성적이고 사람들과 접하는 것에 소극적이다. 자신의 의견을 말하지 않고 조심스러운 편이다.
• **면접관의 심리** : '소극적인데 동료와 잘 지낼 수 있을까?'
• **면접대책** : 대인관계를 맺는 것을 싫어하지 않고 의욕적으로 일을 할 수 있다는 것을 보여준다.
㉡ 'B'가 많은 경우 : 사교적이고 자기의 생각을 명확하게 전달할 수 있다.
• **면접관의 심리** : '사교적이고 활동적인 것은 좋지만, 자기주장이 너무 강하지 않을까?'
• **면접대책** : 협조성을 보여주고, 자기주장이 너무 강하다는 인상을 주지 않도록 주의한다.

② 내성성(침착도) … 자신의 행동과 일에 대해 침착하게 생각하는 정도를 측정한다.

질문	선택
A : 시간이 걸려도 침착하게 생각하는 경우가 많다. B : 짧은 시간에 결정을 하는 경우가 많다.	
A : 실패의 원인을 찾고 반성하는 편이다. B : 실패를 해도 그다지(별로) 개의치 않는다.	
A : 결론이 도출되어도 몇 번 정도 생각을 바꾼다. B : 결론이 도출되면 신속하게 행동으로 옮긴다.	
A : 여러 가지 생각하는 것이 능숙하다. B : 여러 가지 일을 재빨리 능숙하게 처리하는 데 익숙하다.	
A : 여러 가지 측면에서 사물을 검토한다. B : 행동한 후 생각을 한다.	

▶측정결과

㉠ 'A'가 많은 경우 : 행동하기 보다는 생각하는 것을 좋아하고 신중하게 계획을 세워 실행한다.
• 면접관의 심리 : '행동으로 실천하지 못하고, 대응이 늦은 경향이 있지 않을까?'
• 면접대책 : 발로 뛰는 것을 좋아하고, 일을 더디게 한다는 인상을 주지 않도록 한다.

㉡ 'B'가 많은 경우 : 차분하게 생각하는 것보다 우선 행동하는 유형이다.
• 면접관의 심리 : '생각하는 것을 싫어하고 경솔한 행동을 하지 않을까?'
• 면접대책 : 계획을 세우고 행동할 수 있는 것을 보여주고 '사려깊다'라는 인상을 남기도록 한다.

③ 신체활동성 … 몸을 움직이는 것을 좋아하는가를 측정한다.

질문	선택
A : 민첩하게 활동하는 편이다. B : 준비행동이 없는 편이다.	
A : 일을 척척 해치우는 편이다. B : 일을 더디게 처리하는 편이다.	
A : 활발하다는 말을 듣는다. B : 얌전하다는 말을 듣는다.	
A : 몸을 움직이는 것을 좋아한다. B : 가만히 있는 것을 좋아한다.	
A : 스포츠를 하는 것을 즐긴다. B : 스포츠를 보는 것을 좋아한다.	

▶측정결과

㉠ 'A'가 많은 경우 : 활동적이고, 몸을 움직이게 하는 것이 컨디션이 좋다.

• 면접관의 심리 : '활동적으로 활동력이 좋아 보인다.'

• 면접대책 : 활동하고 얻은 성과 등과 주어진 상황의 대응능력을 보여준다.

㉡ 'B'가 많은 경우 : 침착한 인상으로, 차분하게 있는 타입이다.

• 면접관의 심리 : '좀처럼 행동하려 하지 않아 보이고, 일을 빠르게 처리할 수 있을까?'

④ **지속성(노력성)** … 무슨 일이든 포기하지 않고 끈기 있게 하려는 정도를 측정한다.

질문	선택
A : 일단 시작한 일은 시간이 걸려도 끝까지 마무리한다. B : 일을 하다 어려움에 부딪히면 단념한다.	
A : 끈질긴 편이다. B : 바로 단념하는 편이다.	
A : 인내가 강하다는 말을 듣는다. B : 금방 싫증을 낸다는 말을 듣는다.	
A : 집념이 깊은 편이다. B : 담백한 편이다.	
A : 한 가지 일에 구애되는 것이 좋다고 생각한다. B : 간단하게 체념하는 것이 좋다고 생각한다.	

▶측정결과

㉠ 'A'가 많은 경우 : 시작한 것은 어려움이 있어도 포기하지 않고 인내심이 높다.
- 면접관의 심리 : '한 가지의 일에 너무 구애되고, 업무의 진행이 원활할까?'
- 면접대책 : 인내력이 있는 것은 플러스 평가를 받을 수 있지만 집착이 강해 보이기도 한다.

㉡ 'B'가 많은 경우 : 뒤끝이 없고 조그만 실패로 일을 포기하기 쉽다.
- 면접관의 심리 : '질리는 경향이 있고, 일을 정확히 끝낼 수 있을까?'
- 면접대책 : 지속적인 노력으로 성공했던 사례를 준비하도록 한다.

⑤ 신중성(주의성) … 자신이 처한 주변상황을 즉시 파악하고 자신의 행동이 어떤 영향을 미치는지를 측정한다.

질문	선택
A : 여러 가지로 생각하면서 완벽하게 준비하는 편이다. B : 행동할 때부터 임기응변적인 대응을 하는 편이다.	
A : 신중해서 타이밍을 놓치는 편이다. B : 준비 부족으로 실패하는 편이다.	
A : 자신은 어떤 일에도 신중히 대응하는 편이다. B : 순간적인 충동으로 활동하는 편이다.	
A : 시험을 볼 때 끝날 때까지 재검토하는 편이다. B : 시험을 볼 때 한 번에 모든 것을 마치는 편이다.	
A : 일에 대해 계획표를 만들어 실행한다. B : 일에 대한 계획표 없이 진행한다.	

▶측정결과
㉠ 'A'가 많은 경우 : 주변 상황에 민감하고, 예측하여 계획 있게 일을 진행한다.
• 면접관의 심리 : '너무 신중해서 적절한 판단을 할 수 있을까?', '앞으로의 상황에 불안을 느끼지 않을까?'
• 면접대책 : 예측을 하고 실행을 하는 것은 플러스 평가가 되지만, 너무 신중하면 일의 진행이 정체될 가능성을 보이므로 추진력이 있다는 강한 의욕을 보여준다.
㉡ 'B'가 많은 경우 : 주변 상황을 살펴보지 않고 착실한 계획 없이 일을 진행시킨다.
• 면접관의 심리 : '사려 깊지 않고, 실패하는 일이 많지 않을까?', '판단이 빠르고 유연한 사고를 할 수 있을까?'
• 면접대책 : 사전준비를 중요하게 생각하고 있다는 것 등을 보여주고, 경솔한 인상을 주지 않도록 한다. 또한 판단력이 빠르거나 유연한 사고 덕분에 일 처리를 잘 할 수 있다는 것을 강조한다.

(3) 의욕적인 측면

의욕적인 측면은 의욕의 정도, 활동력의 유무 등을 측정한다. 여기서의 의욕이란 우리들이 보통 말하고 사용하는 '하려는 의지'와는 조금 뉘앙스가 다르다. '하려는 의지'란 그 때의 환경이나 기분에 따라 변화하는 것이지만, 여기에서는 조금 더 변화하기 어려운 특징, 말하자면 정신적 에너지의 양으로 측정하는 것이다.

의욕적 측면은 행동적 측면과는 다르고, 전반적으로 어느 정도 점수가 높은 쪽을 선호한다. 모의검사의 의욕적 측면의 결과가 낮다면, 평소 일에 몰두할 때 조금 의욕 있는 자세를 가지고 서서히 개선하도록 노력해야 한다.

① 달성의욕 … 목적의식을 가지고 높은 이상을 가지고 있는지를 측정한다.

질문	선택
A : 경쟁심이 강한 편이다. B : 경쟁심이 약한 편이다.	
A : 어떤 한 분야에서 제1인자가 되고 싶다고 생각한다. B : 어느 분야에서든 성실하게 임무를 진행하고 싶다고 생각한다.	
A : 규모가 큰일을 해보고 싶다. B : 맡은 일에 충실히 임하고 싶다.	
A : 아무리 노력해도 실패한 것은 아무런 도움이 되지 않는다. B : 가령 실패했을 지라도 나름대로의 노력이 있었으므로 괜찮다.	
A : 높은 목표를 설정하여 수행하는 것이 의욕적이다. B : 실현 가능한 정도의 목표를 설정하는 것이 의욕적이다.	

▶측정결과

㉠ 'A'가 많은 경우 : 큰 목표와 높은 이상을 가지고 승부욕이 강한 편이다.
- 면접관의 심리 : '열심히 일을 해줄 것 같은 유형이다.'
- 면접대책 : 달성의욕이 높다는 것은 어떤 직종이라도 플러스 평가가 된다.

㉡ 'B'가 많은 경우 : 현재의 생활을 소중하게 여기고 비약적인 발전을 위하여 기를 쓰지 않는다.
- 면접관의 심리 : '외부의 압력에 약하고, 기획입안 등을 하기 어려울 것이다.'
- 면접대책 : 일을 통하여 하고 싶은 것들을 구체적으로 어필한다.

② **활동의욕** … 자신에게 잠재된 에너지의 크기로, 정신적인 측면의 활동력이라 할 수 있다.

질문	선택
A : 하고 싶은 일을 실행으로 옮기는 편이다. B : 하고 싶은 일을 좀처럼 실행할 수 없는 편이다.	
A : 어려운 문제를 해결해 가는 것이 좋다. B : 어려운 문제를 해결하는 것을 잘하지 못한다.	
A : 일반적으로 결단이 빠른 편이다. B : 일반적으로 결단이 느린 편이다.	
A : 곤란한 상황에도 도전하는 편이다. B : 사물의 본질을 깊게 관찰하는 편이다.	
A : 시원시원하다는 말을 잘 듣는다. B : 꼼꼼하다는 말을 잘 듣는다.	

▶측정결과

㉠ 'A'가 많은 경우 : 꾸물거리는 것을 싫어하고 재빠르게 결단해서 행동하는 타입이다.
* 면접관의 심리 : '일을 처리하는 솜씨가 좋고, 일을 척척 진행할 수 있을 것 같다.'
* 면접대책 : 활동의욕이 높은 것은 플러스 평가가 된다. 사교성이나 활동성이 강하다는 인상을 준다.
㉡ 'B'가 많은 경우 : 안전하고 확실한 방법을 모색하고 차분하게 시간을 아껴서 일에 임하는 타입이다.
* 면접관의 심리 : '재빨리 행동을 못하고, 일의 처리속도가 느린 것이 아닐까?'
* 면접대책 : 활동성이 있는 것을 좋아하고 움직임이 더디다는 인상을 주지 않도록 한다.

3 성격의 유형

(1) 인성검사유형의 4가지 척도

정서적인 측면, 행동적인 측면, 의욕적인 측면의 요소들은 성격 특성이라는 관점에서 제시된 것들로 각 개인의 장·단점을 파악하는 데 유용하다. 그러나 전체적인 개인의 인성을 이해하는 데는 한계가 있다.

성격의 유형은 개인의 '성격적인 특색'을 가리키는 것으로, 사회인으로서 적합한지, 아닌지를 말하는 관점과는 관계가 없다. 따라서 채용의 합격 여부에는 사용되지 않는 경우가 많으며, 입사 후의 적정 부서 배치의 자료가 되는 편이라 생각하면 된다. 그러나 채용과 관계가 없다고 해서 아무런 준비도 필요없는 것은 아니다. 자신을 아는 것은 면접 대책의 밑거름이 되므로 모의검사 결과를 충분히 활용하도록 하여야 한다.

본서에서는 4개의 척도를 사용하여 기본적으로 16개의 패턴으로 성격의 유형을 분류하고 있다. 각 개인의 성격이 어떤 유형인지 재빨리 파악하기 위해 사용되며, '적성'에 맞는지, 맞지 않는지의 관점에 활용된다.

- 흥미·관심의 방향 : 내향형 ←——————→ 외향형
- 사물에 대한 견해 : 직관형 ←——————→ 감각형
- 판단하는 방법 : 감정형 ←——————→ 사고형
- 환경에 대한 접근방법 : 지각형 ←——————→ 판단형

(2) 성격유형

① 흥미·관심의 방향(내향⇆외향) … 흥미·관심의 방향이 자신의 내면에 있는지, 주위환경 등 외면에 향하는 지를 가리키는 척도이다.

질문	선택
A : 내성적인 성격인 편이다. B : 개방적인 성격인 편이다.	
A : 항상 신중하게 생각을 하는 편이다. B : 바로 행동에 착수하는 편이다.	
A : 수수하고 조심스러운 편이다. B : 자기 표현력이 강한 편이다.	
A : 다른 사람과 함께 있으면 침착하지 않다. B : 혼자서 있으면 침착하지 않다.	

▶측정결과
㉠ 'A'가 많은 경우(내향) : 관심의 방향이 자기 내면에 있으며, 조용하고 낯을 가리는 유형이다. 행동력은 부족하나 집중력이 뛰어나고 신중하고 꼼꼼하다.
㉡ 'B'가 많은 경우(외향) : 관심의 방향이 외부환경에 있으며, 사교적이고 활동적인 유형이다. 꼼꼼함이 부족하여 대충하는 경향이 있으나 행동력이 있다.

② 일(사물)을 보는 **방법**(직감⇆감각) ··· 일(사물)을 보는 법이 직감적으로 형식에 얽매이는
지, 감각적으로 상식적인지를 가리키는 척도이다.

질문	선택
A : 현실주의적인 편이다. B : 상상력이 풍부한 편이다. A : 정형적인 방법으로 일을 처리하는 것을 좋아한다. B : 만들어진 방법에 변화가 있는 것을 좋아한다. A : 경험에서 가장 적합한 방법으로 선택한다. B : 지금까지 없었던 새로운 방법을 개척하는 것을 좋아한다. A : 호기심이 강하다는 말을 듣는다. B : 성실하다는 말을 듣는다.	

▶측정결과

㉠ 'A'가 많은 경우(감각) : 현실적이고 경험주의적이며 보수적인 유형이다.

㉡ 'B'가 많은 경우(직관) : 새로운 주제를 좋아하며, 독자적인 시각을 가진 유형이다.

③ **판단하는 방법**(감정⇆사고) ··· 일을 감정적으로 판단하는지, 논리적으로 판단하는지를 가리키는
척도이다.

질문	선택
A : 인간관계를 중시하는 편이다. B : 일의 내용을 중시하는 편이다. A : 결론을 자기의 신념과 감정에서 이끌어내는 편이다. B : 결론을 논리적 사고에 의거하여 내리는 편이다. A : 다른 사람보다 동정적이고 눈물이 많은 편이다. B : 다른 사람보다 이성적이고 냉정하게 대응하는 편이다. A : 다른 사람보다 동정적이고 눈물이 많은 편이다. B : 다른 사람보다 이성적이고 냉정하게 대응하는 편이다.	

▶측정결과

㉠ 'A'가 많은 경우(감정) : 일을 판단할 때 마음·감정을 중요하게 여기는 유형이다. 감정이 풍부하고
친절하나 엄격함이 부족하고 우유부단하며, 합리성이 부족하다.

㉡ 'B'가 많은 경우(사고) : 일을 판단할 때 논리성을 중요하게 여기는 유형이다. 이성적이고 합리적이
나 타인에 대한 배려가 부족하다.

④ 환경에 대한 **접근방법** … 주변상황에 어떻게 접근하는지, 그 판단기준을 어디에 두는지를 측정한다.

질문	선택
A : 사전에 계획을 세우지 않고 행동한다. B : 반드시 계획을 세우고 그것에 의거해서 행동한다.	
A : 자유롭게 행동하는 것을 좋아한다. B : 조직적으로 행동하는 것을 좋아한다.	
A : 조직성이나 관습에 속박당하지 않는다. B : 조직성이나 관습을 중요하게 여긴다.	
A : 계획 없이 낭비가 심한 편이다. B : 예산을 세워 물건을 구입하는 편이다.	

▶측정결과
㉠ 'A'가 많은 경우(지각) : 일의 변화에 융통성을 가지고 유연하게 대응하는 유형이다. 낙관적이며 질서보다는 자유를 좋아하나 임기응변식의 대응으로 무계획적인 인상을 줄 수 있다.
㉡ 'B'가 많은 경우(판단) : 일의 진행시 계획을 세워서 실행하는 유형이다. 순차적으로 진행하는 일을 좋아하고 끈기가 있으나 변화에 대해 적절하게 대응하지 못하는 경향이 있다.

(3) 성격유형의 판정

성격유형은 합격 여부의 판정보다는 배치를 위한 자료로써 이용된다. 즉, 기업은 입사시험단계에서 입사 후에도 사용할 수 있는 정보를 입수하고 있다는 것이다. 성격검사에서는 어느 척도가 얼마나 고득점이었는지에 주시하고 각각의 측면에서 반드시 하나씩 고르고 편성한다. 편성은 모두 16가지가 되나 각각의 측면을 더 세분하면 200가지 이상의 유형이 나온다.

여기에서는 16가지 편성을 제시한다. 성격검사에 어떤 정보가 게재되어 있는지를 이해하면서 자기의 성격유형을 파악하기 위한 실마리로 활용하도록 한다.

① 내향 – 직관 – 감정 – 지각(TYPE A)
관심이 내면에 향하고 조용하고 소극적이다. 사물에 대한 견해는 새로운 것에 대해 호기심이 강하고, 독창적이다. 감정은 좋아하는 것과 싫어하는 것의 판단이 확실하고, 감정이 풍부하고 따뜻한 느낌이 있는 반면, 합리성이 부족한 경향이 있다. 환경에 접근하는 방법은 순응적이고 상황의 변화에 대해 유연하게 대응하는 것을 잘한다.

② 내향 - 직관 - 감정 - 사고(TYPE B)

관심이 내면으로 향하고 조용하고 쑥쓰러움을 잘 타는 편이다. 사물을 보는 관점은 독창적이며, 자기나름대로 궁리하며 생각하는 일이 많다. 좋고 싫음으로 판단하는 경향이 강하고 타인에게는 친절한 반면, 우유부단하기 쉬운 편이다. 환경 변화에 대해 유연하게 대응하는 것을 잘한다.

③ 내향 - 직관 - 사고 - 지각(TYPE C)

관심이 내면으로 향하고 얌전하고 교제범위가 좁다. 사물을 보는 관점은 독창적이며, 현실에서 먼 추상적인 것을 생각하기를 좋아한다. 논리적으로 생각하고 판단하는 경향이 강하고 이성적이지만, 남의 감정에 대해서는 무반응인 경향이 있다. 환경의 변화에 순응적이고 융통성 있게 임기응변으로 대응할 수가 있다.

④ 내향 - 직관 - 사고 - 판단(TYPE D)

관심이 내면으로 향하고 주의깊고 신중하게 행동을 한다. 사물을 보는 관점은 독창적이며 논리를 좋아해서 이치를 따지는 경향이 있다. 논리적으로 생각하고 판단하는 경향이 강하고, 객관적이지만 상대방의 마음에 대한 배려가 부족한 경향이 있다. 환경에 대해서는 순응하는 것보다 대응하며, 한 번 정한 것은 끈질기게 행동하려 한다.

⑤ 내향 - 감각 - 감정 - 지각(TYPE E)

관심이 내면으로 향하고 조용하며 소극적이다. 사물을 보는 관점은 상식적이고 그대로의 것을 좋아하는 경향이 있다. 좋음과 싫음으로 판단하는 경향이 강하고 타인에 대해서 동정심이 많은 반면, 엄격한 면이 부족한 경향이 있다. 환경에 대해서는 순응적이고, 예측할 수 없다해도 태연하게 행동하는 경향이 있다.

⑥ 내향 - 감각 - 감정 - 판단(TYPE F)

관심이 내면으로 향하고 얌전하며 쑥쓰러움을 많이 탄다. 사물을 보는 관점은 상식적이고 논리적으로 생각하는 것보다도 경험을 중요시하는 경향이 있다. 좋고 싫음으로 판단하는 경향이 강하고 사람이 좋은 반면, 개인적 취향이나 소원에 영향을 받는 일이 많은 경향이 있다. 환경에 대해서는 영향을 받지 않고, 자기 페이스 대로 꾸준히 성취하는 일을 잘한다.

⑦ 내향 - 감각 - 사고 - 지각(TYPE G)

관심이 내면으로 향하고 얌전하고 교제범위가 좁다. 사물을 보는 관점은 상식적인 동시에 실천적이며, 틀에 박힌 형식을 좋아한다. 논리적으로 판단하는 경향이 강하고 침착하지만 사람에 대해서는 엄격하여 차가운 인상을 주는 일이 많다. 환경에 대해서 순응적이고, 계획적으로 행동하지 않으며 자유로운 행동을 좋아하는 경향이 있다.

⑧ 내향 – 감각 – 사고 – 판단(TYPE H)

관심이 내면으로 향하고 주의 깊고 신중하게 행동을 한다. 사물을 보는 관점이 상식적이고 새롭고 경험하지 못한 일에 대응을 잘 하지 못한다. 논리적으로 생각하고 판단하는 경향이 강하고, 공평하지만 상대방의 감정에 대해 배려가 부족할 때가 있다. 환경에 대해서는 작용하는 편이고, 질서 있게 행동하는 것을 좋아한다.

⑨ 외향 – 직관 – 감정 – 지각(TYPE I)

관심이 외향으로 향하고 밝고 활동적이며 교제범위가 넓다. 사물을 보는 관점은 독창적이고 호기심이 강하며 새로운 것을 생각하는 것을 좋아한다. 좋음 싫음으로 판단하는 경향이 강하다. 사람은 좋은 반면 개인적 취향이나 소원에 영향을 받는 일이 많은 편이다.

⑩ 외향 – 직관 – 감정 – 판단(TYPE J)

관심이 외향으로 향하고 개방적이며 누구와도 쉽게 친해질 수 있다. 사물을 보는 관점은 독창적이고 자기 나름대로 궁리하고 생각하는 면이 많다. 좋음과 싫음으로 판단하는 경향이 강하고, 타인에 대해 동정적이기 쉽고 엄격함이 부족한 경향이 있다. 환경에 대해서는 작용하는 편이고 질서 있는 행동을 하는 것을 좋아한다.

⑪ 외향 – 직관 – 사고 – 지각(TYPE K)

관심이 외향으로 향하고 태도가 분명하며 활동적이다. 사물을 보는 관점은 독창적이고 현실과 거리가 있는 추상적인 것을 생각하는 것을 좋아한다. 논리적으로 생각하고 판단하는 경향이 강하고, 공평하지만 상대에 대한 배려가 부족할 때가 있다.

⑫ 외향 – 직관 – 사고 – 판단(TYPE L)

관심이 외향으로 향하고 밝고 명랑한 성격이며 사교적인 것을 좋아한다. 사물을 보는 관점은 독창적이고 논리적인 것을 좋아하기 때문에 이치를 따지는 경향이 있다. 논리적으로 생각하고 판단하는 경향이 강하고 침착성이 뛰어나지만 사람에 대해서 엄격하고 차가운 인상을 주는 경우가 많다. 환경에 대해 작용하는 편이고 계획을 세우고 착실하게 실행하는 것을 좋아한다.

⑬ 외향 – 감각 – 감정 – 지각(TYPE M)

관심이 외향으로 향하고 밝고 활동적이고 교제범위가 넓다. 사물을 보는 관점은 상식적이고 종래대로 있는 것을 좋아한다. 보수적인 경향이 있고 좋아함과 싫어함으로 판단하는 경향이 강하며 타인에게는 친절한 반면, 우유부단한 경우가 많다. 환경에 대해 순응적이고, 융통성이 있고 임기응변으로 대응할 가능성이 높다.

⑭ 외향 – 감각 – 감정 – 판단(TYPE N)

관심이 외향으로 향하고 개방적이며 누구와도 쉽게 대면할 수 있다. 사물을 보는 관점은 상식적이고 논리적으로 생각하기보다는 경험을 중시하는 편이다. 좋아함과 싫어함으로 판단하는 경향이 강하고 감정이 풍부하며 따뜻한 느낌이 있는 반면에 합리성이 부족한 경우가 많다. 환경에 대해서 작용하는 편이고, 한 번 결정한 것은 끈질기게 실행하려고 한다.

⑮ 외향 – 감각 – 사고 – 지각(TYPE O)

관심이 외향으로 향하고 시원한 태도이며 활동적이다. 사물을 보는 관점이 상식적이며 동시에 실천적이고 명백한 형식을 좋아하는 경향이 있다. 논리적으로 생각하고 판단하는 경향이 강하고, 객관적이지만 상대 마음에 대해 배려가 부족한 경향이 있다.

⑯ 외향 – 감각 – 사고 – 판단(TYPE P)

관심이 외향으로 향하고 밝고 명랑하며 사교적인 것을 좋아한다. 사물을 보는 관점은 상식적이고 경험하지 못한 새로운 것에 대응을 잘 하지 못한다. 논리적으로 생각하고 판단하는 경향이 강하고 이성적이지만 사람의 감정에 무심한 경향이 있다. 환경에 대해서는 작용하는 편이고, 자기 페이스대로 꾸준히 성취하는 것을 잘한다.

(1) 미리 알아두어야 할 점

① 출제 문항 수 … 인성검사의 출제 문항 수는 특별히 정해진 것이 아니며 각 기업체의 기준에 따라 달라질 수 있다. 보통 100문항 이상에서 500문항까지 출제된다고 예상하면 된다.

② 출제형식

　㉠ '예' 아니면 '아니오'의 형식

다음 문항을 읽고 자신에게 해당되는지 안 되는지를 판단하여 해당될 경우 '예'를, 해당되지 않을 경우 '아니오'를 고르시오.

질문	예	아니오
1. 자신의 생각이나 의견은 좀처럼 변하지 않는다.	○	
2. 구입한 후 끝까지 읽지 않은 책이 많다.		○

다음 문항에 대해서 평소에 자신이 생각하고 있는 것이나 행동하고 있는 것에 ○표를 하시오.

질문	그렇다	약간 그렇다	그저 그렇다	별로 그렇지 않다	그렇지 않다
1. 시간에 쫓기는 것이 싫다.		○			
2. 여행가기 전에 계획을 세운다			○		

　㉡ A와 B의 선택형식

A와 B에 주어진 문장을 읽고 자신에게 해당되는 것을 고르시오.

질문	선택
A : 걱정거리가 있어서 잠을 못 잘 때가 있다.	(○)
B : 걱정거리가 있어도 잠을 잘 잔다.	( )

(2) 임하는 자세

① 솔직하게 있는 그대로 표현한다 … 인성검사는 평범한 일상생활 내용들을 다룬 짧은 문장과 어떤 대상이나 일에 대한 선로를 선택하는 문장으로 구성되었으므로 평소에 자신이 생각한 바를 너무 골똘히 생각하지 말고 문제를 보는 순간 떠오른 것을 표현한다.

② 모든 문제를 신속하게 대답한다 … 인성검사는 시간 제한이 없는 것이 원칙이지만 기업체들은 일정한 시간 제한을 두고 있다. 인성검사는 개인의 성격과 자질을 알아보기 위한 검사이기 때문에 정답이 없다. 다만, 기업체에서 바람직하게 생각하거나 기대되는 결과가 있을 뿐이다. 따라서 시간에 쫓겨서 대충 대답을 하는 것은 바람직하지 못하다.

02 실전 인성검사

|1~55| 다음 세 가지 문항 중 자신에게 가장 가까운 것은 Most, 가장 먼 것은 Least에 체크하시오(인성검사는 응시자의 인성을 파악하기 위한 자료이므로 정답이 존재하지 않습니다).

※ 1번 문항은 답변 예시입니다.

1

질문	응답	
척도	Most	Least
① 모임에서 회장에 어울리지 않는다고 생각한다.		
② 착실한 노력의 이야기를 좋아한다.		✔
③ 어떠한 일에도 의욕이 없이 임하는 편이다.	✔	

2

질문	응답	
척도	Most	Least
① 학급에서는 존재가 두드러졌다.		
② 아무것도 생각하지 않을 때가 많다.		
③ '좀 더 노력하시오'라는 말을 듣는 편이다.		

3

질문	응답	
척도	Most	Least
① 비가 오지 않는다면 우산을 가지고 가지 않는다.		
② 멋진 조연 역을 하는 배우를 좋아한다.		
③ 지키는 타입이라고 생각한다.		

4

질문	응답	
척도	Most	Least
① 리드를 하는 편이다.		
② 신중함이 부족해서 후회한 적이 있다.		
③ 여유 있게 대비하는 타입이다.		

5

질문	응답	
척도	Most	Least
① 업무가 진행 중이라도 야근은 하지 않겠다.		
② 부재중 전화가 와도 전화를 먼저 걸지 않는다.		
③ 노력하는 과정이 중요하고 결과는 중요하지 않다.		

6

질문	응답	
척도	Most	Least
① 무리해서 행동할 필요는 없다.		
② 유행에 민감하다고 생각한다.		
③ 정해진 대로 움직이는 편이 안심된다.		

7

질문	응답	
척도	Most	Least
① 현실을 직시하고 싶다.		
② 자유보다 질서를 중요시하는 편이다.		
③ 모두와 잡담하는 것을 좋아한다.		

8

질문	응답	
척도	Most	Least
① 경험에 비추어 판단하는 편이다.		
② 영화나 드라마는 각본의 완성도나 화면구성에 주목한다.		
③ 시대의 흐름 속에서 자신을 살게 하고 싶다.		

9

질문	응답	
척도	Most	Least
① 다른 사람의 소문에 관심이 많다.		
② 실리적인 편이다.		
③ 비교적 냉정한 편이다.		

10

질문	응답	
척도	Most	Least
① 협동심이 있다고 생각한다.		
② 친구의 휴대폰 번호는 모두 외운다.		
③ 정해진 순서대로 진행하는 것이 좋다.		

11

질문	응답	
척도	Most	Least
① 조직의 일원으로 잘 어울린다.		
② 세상일에 관심이 많다.		
③ 안정을 추구하는 편이다.		

12

질문	응답	
척도	Most	Least
① 업무는 내용으로 선택한다.		
② 환경은 변하지 않는 것이 좋다.		
③ 성격이 밝은 편이다.		

13

질문	응답	
척도	Most	Least
① 반성은 하지 않는다.		
② 활동범위가 좁은 편이다.		
③ 자신을 시원시원한 사람이라고 생각한다.		

14

질문	응답	
척도	Most	Least
① 좋다고 생각하면 바로 행동한다.		
② 좋은 사람이 되고 싶다.		
③ 한 번에 많은 일을 떠맡는 것은 골칫거리라 생각한다.		

15

질문	응답	
척도	Most	Least
① 사람과 만날 약속은 즐겁다.		
② 질문을 받으면 그때의 느낌으로 대답한다.		
③ 땀을 흘리는 것보다 머리 쓰는 일이 좋다.		

16

질문	응답	
척도	Most	Least
① 한 번 결정한 것은 번복하지 않는다.		
② 외출 시 문을 잠갔는지 확인하지 않는다.		
③ 복장은 지위에 어울리면 된다.		

17

질문	응답	
척도	Most	Least
① 최상의 안전책을 찾는 편이다.		
② 사교적인 타입이라 생각한다.		
③ 도리에 상관없이 행동한다.		

18

질문	응답	
척도	Most	Least
① '착하다'는 말을 자주 듣는다.		
② 단념은 빠를수록 좋다고 생각한다.		
③ 예상하지 못한 일도 해보고 싶다.		

19

질문	응답	
척도	Most	Least
① 평범하고 평온하게 인생을 살고 싶다.		
② 몹시 귀찮아하는 편이다.		
③ 소극적이라고 생각하지 않는다.		

20

질문	응답	
척도	Most	Least
① 이것저것 평하는 것이 좋다.		
② 급한 성격이 아니라고 생각한다.		
③ 꾸준히 노력하는 것을 좋아하지 않는다.		

21

질문	응답	
척도	Most	Least
① 내일의 계획은 미리 머릿속에 생각한다.		
② 협동성이 있는 사람이 되고 싶다.		
③ 열정적인 사람이라고 생각하지 않는다.		

22

질문	응답	
척도	Most	Least
① 다른 사람들 앞에서 이야기를 잘한다.		
② 행동력이 있는 편이다.		
③ 엉덩이가 무거운 편이다.		

23

질문	응답	
척도	Most	Least
① 특별히 구애받는 것이 싫다.		
② 돌다리는 두들겨 보지 않고 건너도 된다.		
③ 권력욕이 없다.		

24

질문	응답	
척도	Most	Least
① 업무를 할당받으면 부담스럽다.		
② 활동적인 사람이라고 생각한다.		
③ 보수적이다.		

25

질문	응답	
척도	Most	Least
① 매우 계산적이다.		
② 전통을 고수하는 것이 좋다.		
③ 교제 범위가 넓다.		

26

질문	응답	
척도	Most	Least
① 상식이 풍부하다.		
② 지극히 객관적이다.		
③ 보수적인 면을 추구하는 편이다.		

27

질문	응답	
척도	Most	Least
① 주변 사람들과 비밀이 없다.		
② 그 사람에게 필요한 것을 선물할 줄 안다.		
③ 여행은 계획적으로 간다.		

28

질문	응답	
척도	Most	Least
① 구체적인 일에 관심이 많다.		
② 일은 착실하게 한다.		
③ 괴로워하는 사람을 보면 그 이유부터 알고 싶다.		

29

질문	응답	
척도	Most	Least
① 가치기준은 자신이 판단한다고 생각한다.		
② 개방적이다.		
③ 현실 인식을 잘한다.		

30

질문	응답	
척도	Most	Least
① 공평하고 공정한 상사를 만나고 싶다.		
② 시시해도 계획적인 것이 좋다.		
③ 특정 인물 및 집단에서도 가볍게 대화할 수 있다.		

31

질문	응답	
척도	Most	Least
① 사물에 대해 가볍게 생각한다.		
② 계획을 정확하게 세워 행동으로 옮긴다.		
③ 주변의 일을 여유 있게 해결한다.		

32

질문	응답	
척도	Most	Least
① 생각했다고 해서 반드시 행동으로 옮기지는 않는다.		
② 목표달성을 위해 구애받지 않는다.		
③ 경쟁하는 것을 좋아하지 않는다.		

33

질문	응답	
척도	Most	Least
① 정해진 친구만 만난다.		
② 활달한 사람이라는 소릴 많이 듣는다.		
③ 단념하는 것이 필요할 때도 있다.		

34

질문	응답	
척도	Most	Least
① 학창시절 체육을 잘했다.		
② 결과보다는 과정을 중시한다.		
③ 도전하는 것을 좋아한다.		

35

질문	응답	
척도	Most	Least
① 새로운 사람을 만나려면 용기가 필요하다.		
② 차분하고 사려 깊은 사람을 동경한다.		
③ 문장은 내용을 생각하고 쓴다.		

36

질문	응답	
척도	Most	Least
① 여러 가지 일을 모두 경험하고 싶다.		
② 스트레스 해소를 위해 집에서 조용히 지낸다.		
③ 기한 내에 일을 끝내지 못할 때가 많다.		

37

질문	응답	
척도	Most	Least
① 무리한 도전은 하지 않는다.		
② 남의 앞에 나서는 것을 두려워한다.		
③ 납득이 안 되면 행동도 안 된다.		

38

질문	응답	
척도	Most	Least
① 약속장소에 일찍 도착하는 편이다.		
② 휴일에는 집에 있는 것이 좋다.		
③ 위험을 무릅쓰고 성공하고 싶지 않다.		

39

질문	응답	
척도	Most	Least
① 누군가가 도와주지 않으면 일을 못한다.		
② 친구가 적은 편이다.		
③ 결론이 나도 여러 번 생각한다.		

40

질문	응답	
척도	Most	Least
① 미래의 일을 미리 걱정하지 않는다.		
② 같은 일을 반복해서 하는 것이 싫다.		
③ 행동하는 것보다 생각하는 것이 좋다.		

41

질문	응답	
척도	Most	Least
① 매우 현실적이다.		
② 오늘하지 않아도 되는 일은 내일 한다.		
③ 적은 친구랑 깊게 사귄다.		

42

질문	응답	
척도	Most	Least
① 경험을 중요하게 생각한다.		
② 도리를 판별하는 사람이 좋다.		
③ 성격이 유연하다.		

43

질문	응답	
척도	Most	Least
① 쉬는 날은 무조건 밖에 나가야 한다.		
② 비현실적인 생각이 많다.		
③ 생각나면 바로 물품을 구매하는 편이다.		

44

질문	응답	
척도	Most	Least
① 이성적인 사람이 되고 싶다.		
② 초면에는 말을 잘 하지 못한다.		
③ 재미있는 것만 추구한다.		

45

질문	응답	
척도	Most	Least
① 어려움에 처해 있는 사람을 보면 돕고 싶다.		
② 돈이 없으면 밖에 나가지 않는다.		
③ 한 가지 일에 몰두하는 편이다.		

46

질문	응답	
척도	Most	Least
① 연구는 이론체계를 만들어 내는 데 의의가 있다.		
② 규칙을 벗어나면 안 된다.		
③ 위험한 일을 하는 것은 어리석은 짓이다.		

47

질문	응답	
척도	Most	Least
① 남의 주목을 받고 싶다.		
② 조금이라도 나쁜 소식은 절망이라고 생각한다.		
③ 실패가 걱정되어 일을 시작하지 못한다.		

48

질문	응답	
척도	Most	Least
① 다수의 의견을 존중하는 편이다.		
② 혼자 다방에 가는 일은 두려운 일이 아니다.		
③ 승부근성이 매우 강하다.		

49

질문	응답	
척도	Most	Least
① 자주 흥분하는 편이다.		
② 지금까지 살면서 타인에게 해를 끼친 적이 없다.		
③ 사람들이 소곤거리면 내 욕을 하는 것 같다.		

50

질문	응답	
척도	Most	Least
① 무슨 일이 생기면 내 탓이라고 생각한다.		
② 자신을 변덕스러운 사람이라고 생각한다.		
③ 고독을 즐기는 편이다.		

51

질문	응답	
척도	Most	Least
① 자존심이 강하다고 생각한다.		
② 흥분을 잘하는 편이다.		
③ 한 번도 거짓말을 한 적이 없다.		

52

질문	응답	
척도	Most	Least
① 신경질을 잘 내는 편이다.		
② 혼자 고민하는 편이다.		
③ 감정적인 사람이고 생각한다.		

53

질문	응답	
척도	Most	Least
① 자신만의 신념을 지키는 편이다.		
② 타인을 바보 같다고 생각한 적이 많다.		
③ 들은 말은 금방 말해버리는 편이다.		

54

질문	응답	
척도	Most	Least
① 싫어하는 사람이 없다.		
② 대재앙이 오지 않을까 늘 걱정을 한다.		
③ 쓸데없는 고생을 하는 편이다.		

55

질문	응답	
척도	Most	Least
① 자주 생각이 바뀐다.		
② 문제점을 해결하기 위해 항상 사람들과 의논한다.		
③ 내 방식대로 일을 처리하는 편이다.		

■1~178■ 다음 (   ) 안에 당신에게 적합하다면 YES, 그렇지 않다면 NO를 선택하시오(인성검사는 응시자의 인성을 파악하기 위한 자료이므로 정답이 존재하지 않습니다).

                                                               YES NO

1. 조금이라도 나쁜 소식은 절망의 시작이라고 생각해버린다. ……………………(　)(　)
2. 언제나 실패가 걱정이 되어 어쩔 줄 모른다. ……………………(　)(　)
3. 다수결의 의견에 따르는 편이다. ……………………(　)(　)
4. 혼자서 식당에 들어가는 것은 전혀 두려운 일이 아니다. ……………………(　)(　)
5. 승부근성이 강하다. ……………………(　)(　)
6. 자주 흥분해서 침착하지 못하다. ……………………(　)(　)
7. 지금까지 살면서 타인에게 폐를 끼친 적이 없다. ……………………(　)(　)
8. 소곤소곤 이야기하는 것을 보면 자기에 대해 험담하고 있는 것으로 생각된다. ‥(　)(　)
9. 무엇이든지 자기가 나쁘다고 생각하는 편이다. ……………………(　)(　)
10. 자신을 변덕스러운 사람이라고 생각한다. ……………………(　)(　)
11. 고독을 즐기는 편이다. ……………………(　)(　)
12. 자존심이 강하다고 생각한다. ……………………(　)(　)
13. 금방 흥분하는 성격이다. ……………………(　)(　)
14. 거짓말을 한 적이 없다. ……………………(　)(　)
15. 신경질적인 편이다. ……………………(　)(　)
16. 끙끙대며 고민하는 타입이다. ……………………(　)(　)
17. 감정적인 사람이라고 생각한다. ……………………(　)(　)
18. 자신만의 신념을 가지고 있다. ……………………(　)(　)
19. 다른 사람을 바보 같다고 생각한 적이 있다. ……………………(　)(　)
20. 금방 말해버리는 편이다. ……………………(　)(　)
21. 싫어하는 사람이 없다. ……………………(　)(　)
22. 대재앙이 오지 않을까 항상 걱정을 한다. ……………………(　)(　)
23. 쓸데없는 고생을 하는 일이 많다. ……………………(　)(　)
24. 자주 생각이 바뀌는 편이다. ……………………(　)(　)
25. 문제점을 해결하기 위해 여러 사람과 상의한다. ……………………(　)(　)
26. 내 방식대로 일을 한다. ……………………(　)(　)
27. 영화를 보고 운 적이 많다. ……………………(　)(　)
28. 어떤 것에 대해서도 화낸 적이 없다. ……………………(　)(　)

	YES	NO

29. 사소한 충고에도 걱정을 한다. ·····························( )( )

30. 자신은 도움이 안되는 사람이라고 생각한다. ···············( )( )

31. 금방 싫증을 내는 편이다. ·································( )( )

32. 개성적인 사람이라고 생각한다. ··························( )( )

33. 자기 주장이 강한 편이다. ·································( )( )

34. 뒤숭숭하다는 말을 들은 적이 있다. ·····················( )( )

35. 학교를 쉬고 싶다고 생각한 적이 한 번도 없다. ··········( )( )

36. 사람들과 관계맺는 것을 보면 잘하지 못한다. ············( )( )

37. 사려깊은 편이다. ··( )( )

38. 몸을 움직이는 것을 좋아한다. ··························( )( )

39. 끈기가 있는 편이다. ·····································( )( )

40. 신중한 편이라고 생각한다. ·······························( )( )

41. 인생의 목표는 큰 것이 좋다. ···························( )( )

42. 어떤 일이라도 바로 시작하는 타입이다. ················( )( )

43. 낯가림을 하는 편이다. ··································( )( )

44. 생각하고 나서 행동하는 편이다. ························( )( )

45. 쉬는 날은 밖으로 나가는 경우가 많다. ·················( )( )

46. 시작한 일은 반드시 완성시킨다. ························( )( )

47. 면밀한 계획을 세운 여행을 좋아한다. ··················( )( )

48. 야망이 있는 편이라고 생각한다. ························( )( )

49. 활동력이 있는 편이다. ··································( )( )

50. 많은 사람들과 왁자지껄하게 식사하는 것을 좋아하지 않는다. ····( )( )

51. 돈을 허비한 적이 없다. ·································( )( )

52. 운동회를 아주 좋아하고 기대했다. ·····················( )( )

53. 하나의 취미에 열중하는 타입이다. ·····················( )( )

54. 모임에서 회장에 어울린다고 생각한다. ·················( )( )

55. 입신출세의 성공이야기를 좋아한다. ····················( )( )

56. 어떠한 일도 의욕을 가지고 임하는 편이다. ·············( )( )

57. 학급에서는 존재가 희미했다. ···························( )( )

58. 항상 무언가를 생각하고 있다. ··························( )( )

59. 스포츠는 보는 것보다 하는 게 좋다. ……………………………………………………(　)(　)

60. '참 잘했네요'라는 말을 듣는다. ………………………………………………………(　)(　)

61. 흐린 날은 반드시 우산을 가지고 간다. ……………………………………………(　)(　)

62. 주연상을 받을 수 있는 배우를 좋아한다. …………………………………………(　)(　)

63. 공격하는 타입이라고 생각한다. ………………………………………………………(　)(　)

64. 리드를 받는 편이다. ……………………………………………………………………(　)(　)

65. 너무 신중해서 기회를 놓친 적이 있다. ……………………………………………(　)(　)

66. 시원시원하게 움직이는 타입이다. ……………………………………………………(　)(　)

67. 야근을 해서라도 업무를 끝낸다. ……………………………………………………(　)(　)

68. 누군가를 방문할 때는 반드시 사전에 확인한다. ………………………………(　)(　)

69. 노력해도 결과가 따르지 않으면 의미가 없다. …………………………………(　)(　)

70. 무조건 행동해야 한다. …………………………………………………………………(　)(　)

71. 유행에 둔감하다고 생각한다. …………………………………………………………(　)(　)

72. 정해진대로 움직이는 것은 시시하다. ………………………………………………(　)(　)

73. 꿈을 계속 가지고 있고 싶다. ………………………………………………………(　)(　)

74. 질서보다 자유를 중요시하는 편이다. ………………………………………………(　)(　)

75. 혼자서 취미에 몰두하는 것을 좋아한다. …………………………………………(　)(　)

76. 직관적으로 판단하는 편이다. …………………………………………………………(　)(　)

77. 영화나 드라마를 보면 등장인물의 감정에 이입된다. …………………………(　)(　)

78. 시대의 흐름에 역행해서라도 자신을 관철하고 싶다. …………………………(　)(　)

79. 다른 사람의 소문에 관심이 없다. ……………………………………………………(　)(　)

80. 창조적인 편이다. …………………………………………………………………………(　)(　)

81. 비교적 눈물이 많은 편이다. …………………………………………………………(　)(　)

82. 융통성이 있다고 생각한다. ……………………………………………………………(　)(　)

83. 친구의 휴대전화 번호를 잘 모른다. ………………………………………………(　)(　)

84. 스스로 고안하는 것을 좋아한다. ……………………………………………………(　)(　)

85. 정이 두터운 사람으로 남고 싶다. …………………………………………………(　)(　)

86. 조직의 일원으로 별로 안 어울린다. ………………………………………………(　)(　)

87. 세상의 일에 별로 관심이 없다. ……………………………………………………(　)(　)

88. 변화를 추구하는 편이다. ………………………………………………………………(　)(　)

89. 업무는 인간관계로 선택한다. ···(   )(   )

90. 환경이 변하는 것에 구애되지 않는다. ·······································(   )(   )

91. 불안감이 강한 편이다. ··(   )(   )

92. 인생은 살 가치가 없다고 생각한다. ···(   )(   )

93. 의지가 약한 편이다. ···(   )(   )

94. 다른 사람이 하는 일에 별로 관심이 없다. ·································(   )(   )

95. 사람을 설득시키는 것은 어렵지 않다. ·······································(   )(   )

96. 심심한 것을 못 참는다. ···(   )(   )

97. 다른 사람을 욕한 적이 한 번도 없다. ·····································(   )(   )

98. 다른 사람에게 어떻게 보일지 신경을 쓴다. ·······························(   )(   )

99. 금방 낙심하는 편이다. ···(   )(   )

100. 다른 사람에게 의존하는 경향이 있다. ·······································(   )(   )

101. 그다지 융통성이 있는 편이 아니다. ···(   )(   )

102. 다른 사람이 내 의견에 간섭하는 것이 싫다. ·····························(   )(   )

103. 낙천적인 편이다. ···(   )(   )

104. 숙제를 잊어버린 적이 한 번도 없다. ·······································(   )(   )

105. 밤길에는 발소리가 들리기만 해도 불안하다. ·····························(   )(   )

106. 상냥하다는 말을 들은 적이 있다. ···(   )(   )

107. 자신은 유치한 사람이다. ···(   )(   )

108. 잡담을 하는 것보다 책을 읽는게 낫다. ·····································(   )(   )

109. 나는 영업에 적합한 타입이라고 생각한다. ·······························(   )(   )

110. 술자리에서 술을 마시지 않아도 흥을 돋울 수 있다. ··················(   )(   )

111. 한 번도 병원에 간 적이 없다. ···(   )(   )

112. 나쁜 일은 걱정이 되어서 어쩔 줄을 모른다. ·····························(   )(   )

113. 쉽게 무기력해지는 편이다. ···(   )(   )

114. 비교적 고분고분한 편이라고 생각한다. ·····································(   )(   )

115. 독자적으로 행동하는 편이다. ···(   )(   )

116. 적극적으로 행동하는 편이다. ···(   )(   )

117. 금방 감격하는 편이다. ···(   )(   )

118. 어떤 것에 대해서는 불만을 가진 적이 없다. ·····························(   )(   )

119. 밤에 못 잘 때가 많다. ……………………………………………(　)(　)

120. 자주 후회하는 편이다. ……………………………………………(　)(　)

121. 뜨거워지기 쉽고 식기 쉽다. …………………………………(　)(　)

122. 자신만의 세계를 가지고 있다. ………………………………(　)(　)

123. 많은 사람 앞에서도 긴장하는 일은 없다. ………………(　)(　)

124. 말하는 것을 아주 좋아한다. …………………………………(　)(　)

125. 인생을 포기하는 마음을 가진 적이 한 번도 없다. ……(　)(　)

126. 어두운 성격이다. …………………………………………………(　)(　)

127. 금방 반성한다. ……………………………………………………(　)(　)

128. 활동범위가 넓은 편이다. ………………………………………(　)(　)

129. 자신을 끈기있는 사람이라고 생각한다. …………………(　)(　)

130. 좋다고 생각하더라도 좀 더 검토하고 나서 실행한다. …(　)(　)

131. 위대한 인물이 되고 싶다. ……………………………………(　)(　)

132. 한 번에 많은 일을 떠맡아도 힘들지 않다. ………………(　)(　)

133. 사람과 만날 약속은 부담스럽다. ……………………………(　)(　)

134. 질문을 받으면 충분히 생각하고 나서 대답하는 편이다. …(　)(　)

135. 머리를 쓰는 것보다 땀을 흘리는 일이 좋다. ……………(　)(　)

136. 결정한 것에는 철저히 구속받는다. ………………………(　)(　)

137. 외출 시 문을 잠그었는지 몇 번을 확인한다. ……………(　)(　)

138. 이왕 할 거라면 일등이 되고 싶다. …………………………(　)(　)

139. 과감하게 도전하는 타입이다. ………………………………(　)(　)

140. 자신은 사교적이 아니라고 생각한다. ……………………(　)(　)

141. 무심코 도리에 대해서 밀하고 싶어진다. …………………(　)(　)

142. '항상 건강하네요'라는 말을 듣는다. ………………………(　)(　)

143. 단념하면 끝이라고 생각한다. ………………………………(　)(　)

144. 예상하지 못한 일은 하고 싶지 않다. ………………………(　)(　)

145. 파란만장하더라도 성공하는 인생을 걷고 싶다. …………(　)(　)

146. 활기찬 편이라고 생각한다. …………………………………(　)(　)

147. 소극적인 편이라고 생각한다. ………………………………(　)(　)

148. 무심코 평론가가 되어 버린다. ………………………………(　)(　)

149. 자신은 성급하다고 생각한다. ···( )( )

150. 꾸준히 노력하는 타입이라고 생각한다. ···( )( )

151. 내일의 계획이라도 메모한다. ···( )( )

152. 리더십이 있는 사람이 되고 싶다. ···( )( )

153. 열정적인 사람이라고 생각한다. ···( )( )

154. 다른 사람 앞에서 이야기를 잘 하지 못한다. ···( )( )

155. 통찰력이 있는 편이다. ··( )( )

156. 엉덩이가 가벼운 편이다. ···( )( )

157. 여러 가지로 구애됨이 있다. ···( )( )

158. 돌다리도 두들겨 보고 건너는 쪽이 좋다. ···( )( )

159. 자신에게는 권력욕이 있다. ···( )( )

160. 업무를 할당받으면 기쁘다. ···( )( )

161. 사색적인 사람이라고 생각한다. ···( )( )

162. 비교적 개혁적이다. ··( )( )

163. 좋고 싫음으로 정할 때가 많다. ···( )( )

164. 전통에 구애되는 것은 버리는 것이 적절하다. ··( )( )

165. 교제 범위가 좁은 편이다. ···( )( )

166. 발상의 전환을 할 수 있는 타입이라고 생각한다. ····································( )( )

167. 너무 주관적이어서 실패한다. ···( )( )

168. 현실적이고 실용적인 면을 추구한다. ···( )( )

169. 내가 어떤 배우의 팬인지 아무도 모른다. ···( )( )

170. 현실보다 가능성이다. ··( )( )

171. 마음이 담겨 있으면 선물은 아무 것이나 좋다. ······································( )( )

172. 여행은 마음대로 하는 것이 좋다. ···( )( )

173. 추상적인 일에 관심이 있는 편이다. ···( )( )

174. 일은 대담히 하는 편이다. ···( )( )

175. 괴로워하는 사람을 보면 우선 동정한다. ···( )( )

176. 가치기준은 자신의 안에 있다고 생각한다. ··( )( )

177. 조용하고 조심스러운 편이다. ···( )( )

178. 상상력이 풍부한 편이라고 생각한다. ···( )( )

PART

III

면접

01 면접의 기본

1 **면접준비**

(1) 면접의 기본 원칙

① **면접의 의미** … 면접이란 다양한 면접기법을 활용하여 지원한 직무에 필요한 능력을 지원자가 보유하고 있는지를 확인하는 절차라고 할 수 있다. 즉, 지원자의 입장에서는 채용 직무수행에 필요한 요건들과 관련하여 자신의 환경, 경험, 관심사, 성취 등에 대해 기업에 직접 어필할 수 있는 기회를 제공받는 것이며, 기업의 입장에서는 서류전형만으로 알수 없는 지원자에 대한 정보를 직접적으로 수집하고 평가하는 것이다.

② **면접의 특징** … 면접은 기업의 입장에서 서류전형이나 필기전형에서 드러나지 않는 지원자의 능력이나 성향을 볼 수 있는 기회로, 면대면으로 이루어지며 즉흥적인 질문들이 포함될 수 있기 때문에 지원자가 완벽하게 준비하기 어려운 부분이 있다. 하지만 지원자 입장에서도 서류전형이나 필기전형에서 모두 보여주지 못한 자신의 능력 등을 기업의 인사담당자에게 어필할 수 있는 추가적인 기회가 될 수도 있다.

[서류 · 필기전형과 차별화되는 면접의 특징]

- 직무수행과 관련된 다양한 지원자 행동에 대한 관찰이 가능하다.
- 면접관이 알고자 하는 정보를 심층적으로 파악할 수 있다.
- 서류상의 미비한 사항과 의심스러운 부분을 확인할 수 있다.
- 커뮤니케이션 능력, 대인관계 능력 등 행동 · 언어적 정보도 얻을 수 있다.

③ **면접이 유형**

    ⊙ **구조화 면접**: 구조화 면접은 사전에 계획을 세워 질문의 내용과 방법, 지원자의 답변 유형에 따른 추가 질문과 그에 대한 평가 역량이 정해져 있는 면접 방식으로 표준화 면접이라고도 한다.

        • 표준화된 질문이나 평가요소가 면접 전 확정되며, 지원자는 편성된 조나 면접관에 영향을 받지 않고 동일한 질문과 시간을 부여받을 수 있다.

- 조직 또는 직무별로 주요하게 도출된 역량을 기반으로 평가요소가 구성되어, 조직 또는 직무에서 필요한 역량을 가진 지원자를 선발할 수 있다.
- 표준화된 형식을 사용하는 특성 때문에 비구조화 면접에 비해 신뢰성과 타당성, 객관성이 높다.

   ⓒ 비구조화 면접 : 비구조화 면접은 면접 계획을 세울 때 면접 목적만을 명시하고 내용이나 방법은 면접관에게 전적으로 일임하는 방식으로 비표준화 면접이라고도 한다.

- 표준화된 질문이나 평가요소 없이 면접이 진행되며, 편성된 조나 면접관에 따라 지원자에게 주어지는 질문이나 시간이 다르다.
- 면접관의 주관적인 판단에 따라 평가가 이루어져 평가 오류가 빈번히 일어난다.
- 상황 대처나 언변이 뛰어난 지원자에게 유리한 면접이 될 수 있다.

④ 경쟁력 있는 면접 요령

   ㉠ 면접 전에 준비하고 유념할 사항

- 예상 질문과 답변을 미리 작성한다.
- 작성한 내용을 문장으로 외우지 않고 키워드로 기억한다.
- 지원한 회사의 최근 기사를 검색하여 기억한다.
- 지원한 회사가 속한 산업군의 최근 기사를 검색하여 기억한다.
- 면접 전 1주일간 이슈가 되는 뉴스를 기억하고 자신의 생각을 반영하여 정리한다.
- 찬반토론에 대비한 주제를 목록으로 정리하여 자신의 논리를 내세운 예상답변을 작성한다.

   ㉡ 면접장에서 유념할 사항

- 질문의 의도 파악 : 답변을 할 때에는 질문 의도를 파악하고 그에 충실한 답변이 될 수 있도록 질문사항을 유념해야 한다. 많은 지원자가 하는 실수 중 하나로 답변을 하는 도중 자기 말에 심취되어 질문의 의도와 다른 답변을 하거나 자신이 알고 있는 지식만을 나열하는 경우가 있는데, 이럴 경우 의사소통능력이 부족한 사람으로 인식될 수 있으므로 주의하도록 한다.
- 답변은 두괄식 : 답변을 할 때에는 두괄식으로 결론을 먼저 말하고 그 이유를 설명하는 것이 좋다. 미괄식으로 답변을 할 경우 용두사미의 답변이 될 가능성이 높으며, 결론을 이끌어 내는 과정에서 논리성이 결여될 우려가 있다. 또한 면접관이 결론을 듣기 전에 말을 끊고 다른 질문을 추가하는 예상치 못한 상황이 발생될 수 있으므로 답변은 자신이 전달하고자 하는 바를 먼저 밝히고 그에 대한 설명을 하는 것이 좋다.

- 지원한 회사의 기업정신과 인재상을 기억 : 답변을 할 때에는 회사가 원하는 인재라는 인상을 심어주기 위해 지원한 회사의 기업정신과 인재상 등을 염두에 두고 답변을 하는 것이 좋다. 모든 회사에 해당되는 두루뭉술한 답변보다는 지원한 회사에 맞는 맞춤형 답변을 하는 것이 좋다.
- 나보다는 회사와 사회적 관점에서 답변 : 답변을 할 때에는 자기중심적인 관점을 피하고 좀 더 넓은 시각으로 회사와 국가, 사회적 입장까지 고려하는 인재임을 어필하는 것이 좋다. 자기중심적 시각을 바탕으로 자신의 출세만을 위해 회사에 입사하려는 인상을 심어줄 경우 면접에서 불이익을 받을 가능성이 높다.
- 난처한 질문은 정직한 답변 : 난처한 질문에 답변을 해야 할 때에는 피하기보다는 정면 돌파로 정직하고 솔직하게 답변하는 것이 좋다. 난처한 부분을 감추고 드러내지 않으려 회피하려는 지원자의 모습은 인사담당자에게 입사 후에도 비슷한 상황에 처했을 때 회피할 수도 있다는 우려를 심어줄 수 있다. 따라서 직장생활에 있어 중요한 덕목 중 하나인 정직을 바탕으로 솔직하게 답변을 하도록 한다.

(2) 면접의 종류 및 준비 전략

① 인성면접

㉠ 면접 방식 및 판단기준
- 면접 방식 : 인성면접은 면접관이 가지고 있는 개인적 면접 노하우나 관심사에 의해 질문을 실시한다. 주로 입사지원서나 자기소개서의 내용을 토대로 지원동기, 과거의 경험, 미래 포부 등을 이야기하도록 하는 방식이다.
- 판단기준 : 면접관의 개인적 가치관과 경험, 해당 역량의 수준, 경험의 구체성 · 진실성 등

㉡ 특징 : 인성면접은 그 방식으로 인해 역량과 무관한 질문들이 많고 지원자에게 주어지는 면접질문, 시간 등이 다를 수 있다. 또한 입사지원서나 자기소개서의 내용을 토대로 하기 때문에 지원자별 질문이 달라질 수 있다.

ⓒ 예시 문항 및 준비전략

• 예시 문항

> • 3분 동안 자기소개를 해 보십시오.
> • 자신의 장점과 단점을 말해 보십시오.
> • 학점이 좋지 않은데 그 이유가 무엇입니까?
> • 최근에 인상 깊게 읽은 책은 무엇입니까?
> • 회사를 선택할 때 중요시하는 것은 무엇입니까?
> • 일과 개인생활 중 어느 쪽을 중시합니까?
> • 10년 후 자신은 어떤 모습일 것이라고 생각합니까?
> • 휴학 기간 동안에는 무엇을 했습니까?

• 준비전략 : 인성면접은 입사지원서나 자기소개서의 내용을 바탕으로 하는 경우가 많으므로 자신이 작성한 입사지원서와 자기소개서의 내용을 충분히 숙지하도록 한다. 또한 최근 사회적으로 이슈가 되고 있는 뉴스에 대한 견해를 묻거나 시사상식 등에 대한 질문을 받을 수 있으므로 이에 대한 대비도 필요하다. 자칫 부담스러워 보이지 않는 질문으로 가볍게 대답하지 않도록 주의하고 모든 질문에 입사 의지를 담아 성실하게 답변하는 것이 중요하다.

② 발표면접

ⓐ 면접 방식 및 판단기준

• 면접 방식 : 지원자가 특정 주제와 관련된 자료를 검토하고 그에 대한 자신의 생각을 면접관 앞에서 주어진 시간 동안 발표하고 추가 질의를 받는 방식으로 진행된다.

• 판단기준 : 지원자의 사고력, 논리력, 문제해결력 등

ⓑ 특징 : 발표면접은 지원자에게 과제를 부여한 후, 과제를 수행하는 과정과 결과를 관찰·평가한다. 따라서 과제수행 결과뿐 아니라 수행과정에서의 행동을 모두 평가할 수 있다.

ⓒ 예시 문항 및 준비전략

• 예시 문항

[신입사원 조기 이직 문제]

※ 지원자는 아래에 제시된 자료를 검토한 뒤, 신입사원 조기 이직의 원인을 크게 3가지로 정리하고 이에 대한 구체적인 개선안을 도출하여 발표해 주시기 바랍니다.

※ 본 과제에 정해진 정답은 없으나 논리적 근거를 들어 개선안을 작성해 주십시오.

• A기업은 동종업계 유사기업들과 비교해 볼 때, 비교적 높은 재무안정성을 유지하고 있으며 업무강도가 그리 높지 않은 것으로 외부에 알려져 있음.

• 최근 조사결과, 동종업계 유사기업들과 연봉을 비교해 보았을 때 연봉 수준도 그리 나쁘지 않은 편이라는 것이 확인되었음.

• 그러나 지난 3년간 1~2년차 직원들의 이직률이 계속해서 증가하고 있는 추세이며, 경영진 회의에서 최우선 해결과제 중 하나로 거론되었음.

• 이에 따라 인사팀에서 현재 1~2년차 사원들을 대상으로 개선되어야 하는 A기업의 조직문화에 대한 설문조사를 실시한 결과, '상명하복식의 의사소통'이 36.7%로 1위를 차지했음.

• 이러한 설문조사와 함께, 신입사원 조기 이직에 대한 원인을 분석한 결과 파랑새 증후군, 셀프홀릭 증후군, 피터팬 증후군 등 3가지로 분류할 수 있었음.

〈동종업계 유사기업들과의 연봉 비교〉   〈우리 회사 조직문화 중 개선되었으면 하는 것〉

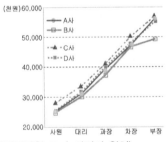

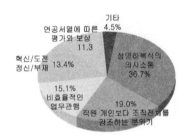

〈신입사원 조기 이직의 원인〉

• 파랑새 증후군

－현재의 직장보다 더 좋은 직장이 있을 것이라는 막연한 기대감으로 끊임없이 새로운 직장을 탐색함.

－학력 수준과 맞지 않는 '하향지원', 전공과 적성을 고려하지 않고 일단 취업하고 보자는 '묻지마 지원'이 파랑새 증후군을 초래함.

• 셀프홀릭 증후군

－본인의 역량에 비해 가치가 낮은 일을 주로 하면서 갈등을 느낌.

• 피터팬 증후군

－기성세대의 문화를 무조건 수용하기보다는 자유로움과 변화를 추구함.

－상명하복, 엄격한 규율 등 기성세대가 당연시하는 관행에 거부감을 가지며 직장에 답답함을 느낌.

- 준비전략 : 발표면접의 시작은 과제 안내문과 과제 상황, 과제 자료 등을 정확하게 이해하는 것에서 출발한다. 과제 안내문을 침착하게 읽고 제시된 주제 및 문제와 관련된 상황의 맥락을 파악한 후 과제를 검토한다. 제시된 기사나 그래프 등을 충분히 활용하여 주어진 문제를 해결할 수 있는 해결책이나 대안을 제시하며, 발표를 할 때에는 명확하고 자신 있는 태도로 전달할 수 있도록 한다.

③ 토론면접

㉠ 면접 방식 및 판단기준

- 면접 방식 : 상호갈등적 요소를 가진 과제 또는 공통의 과제를 해결하는 내용의 토론 과제를 제시하고, 그 과정에서 개인 간의 상호작용 행동을 관찰하는 방식으로 면접이 진행된다.
- 판단기준 : 팀워크, 적극성, 갈등 조정, 의사소통능력, 문제해결능력 등

㉡ 특징 : 토론을 통해 도출해 낸 최종안의 타당성도 중요하지만, 결론을 도출해 내는 과정에서의 의사소통능력이나 갈등상황에서 의견을 조정하는 능력 등이 중요하게 평가되는 특징이 있다.

㉢ 예시 문항 및 준비전략

- 예시 문항

> - 군 가산점제 부활에 대한 찬반토론
> - 담뱃값 인상에 대한 찬반토론
> - 비정규직 철폐에 대한 찬반토론
> - 대학의 영어 강의 확대 찬반토론
> - 워크숍 장소 선정을 위한 토론

- 준비전략 : 토론면접은 무엇보다 팀워크와 적극성이 강조된다. 따라서 토론과정에 적극적으로 참여하며 자신의 의사를 분명하게 전달하며, 갈등상황에서 자신의 의견만 내세울 것이 아니라 다른 지원자의 의견을 경청하고 배려하는 모습도 중요하다. 갈등 상황을 일목요연하게 정리하여 조정하는 등의 의사소통능력을 발휘하는 것도 좋은 전략이 될 수 있다.

④ 상황면접

㉠ 면접 방식 및 판단기준

- 면접 방식 : 상황면접은 직무 수행 시 접할 수 있는 상황들을 제시하고, 그러한 상황에서 어떻게 행동할 것인지를 이야기하는 방식으로 진행된다.
- 판단기준 : 해당 상황에 적절한 역량의 구현과 구체적 행동지표

ⓛ 특징 : 실제 직무 수행 시 접할 수 있는 상황들을 제시하므로 입사 이후 지원자의 업무수행능력을 평가하는 데 적절한 면접 방식이다. 또한 지원자의 가치관, 태도, 사고 방식 등의 요소를 통합적으로 평가하는 데 용이하다.

ⓒ 예시 문항 및 준비전략

• 예시 문항

> 당신은 생산관리팀의 팀원으로, 생산팀이 기한에 맞춰 효율적으로 제품을 생산할 수 있도록 관리하는 역할을 맡고 있습니다. 3개월 뒤에 제품A를 정상적으로 출시하기 위해 생산팀의 생산 계획을 수립한 상황입니다. 그러나 원가가 곧 실적으로 이어지는 구매팀에서는 최대한 원가를 줄여 전반적 단가를 낮추려고 원가절감을 위한 제안을 하였으나, 연구개발팀에서는 구매팀이 제안한 방식으로 제품을 생산할 경우 대부분이 구매팀의 실적으로 산정될 것이므로 제대로 확인도 해보지 않은 채 적합하지 않은 방식이라고 판단하고 있습니다. 당신은 어떻게 하겠습니까?

• 준비전략 : 상황면접은 먼저 주어진 상황에서 핵심이 되는 문제가 무엇인지를 파악하는 것에서 시작한다. 주질문과 세부질문을 통하여 질문의 의도를 파악하였다면, 그에 대한 구체적인 행동이나 생각 등에 대해 응답할수록 높은 점수를 얻을 수 있다.

⑤ 역할면접

㉠ 면접 방식 및 판단기준

• 면접 방식 : 역할면접 또는 역할연기 면접은 기업 내 발생 가능한 상황에서 부딪히게 되는 문제와 역할을 가상적으로 설정하여 특정 역할을 맡은 사람과 상호작용하고 문제를 해결해 나가도록 하는 방식으로 진행된다. 역할연기 면접에서는 면접관이 직접 역할연기를 하면서 지원자를 관찰하기도 하지만, 역할연기 수행만 전문적으로 하는 사람을 투입할 수도 있다.

• 판단기준 : 대처능력, 대인관계능력, 의사소통능력 등

ⓛ 특징 : 역할면접은 실제 상황과 유사한 가상 상황에서의 행동을 관찰함으로서 지원자의 성격이나 대처 행동 등을 관찰할 수 있다.

ⓒ 예시 문항 및 준비전략

• 예시 문항

> [금융권 역할면접의 예]
> 당신은 ○○은행의 신입 텔러이다. 사람이 많은 월말 오전 한 할아버지(면접관 또는 역할담당자)께서 ○○은행을 사칭한 보이스피싱으로 500만 원을 피해 보았다며 소란을 일으키고 있다. 실제 업무상황이라고 생각하고 상황에 대처해 보시오.

• 준비전략 : 역할연기 면접에서 측정하는 역량은 주로 갈등의 원인이 되는 문제를 해결 하고 제시된 해결방안을 상대방에게 설득하는 것이다. 따라서 갈등해결, 문제해결, 조정·통합, 설득력과 같은 역량이 중요시된다. 또한 갈등을 해결하기 위해서 상대방에 대한 이해도 필수적인 요소이므로 고객 지향을 염두에 두고 상황에 맞게 대처해야 한다.

역할면접에서는 변별력을 높이기 위해 면접관이 압박적인 분위기를 조성하는 경우가 많기 때문에 스트레스 상황에서 불안해하지 않고 유연하게 대처할 수 있도록 시간과 노력을 들여 충분히 연습하는 것이 좋다.

2 면접 이미지 메이킹

(1) 성공적인 이미지 메이킹 포인트

① 복장 및 스타일

  ㉠ 남성

• 양복 : 양복은 단색으로 하며 넥타이나 셔츠로 포인트를 주는 것이 효과적이다. 짙은 회색이나 감청색이 가장 단정하고 품위 있는 인상을 준다.
• 셔츠 : 흰색이 가장 선호되나 자신의 피부색에 맞추는 것이 좋다. 푸른색이나 베이지색은 산뜻한 느낌을 줄 수 있다. 양복과의 배색도 고려하도록 한다.
• 넥타이 : 의상에 포인트를 줄 수 있는 아이템이지만 너무 화려한 것은 피한다. 지원자의 피부색은 물론, 정장과 셔츠의 색을 고려하며, 체격에 따라 넥타이 폭을 조절하는 것이 좋다.
• 구두 & 양말 : 구두는 검정색이나 짙은 갈색이 어느 양복에나 무난하게 어울리며 깔끔하게 닦아 준비한다. 양말은 정장과 동일한 색상이나 검정색을 착용한다.
• 헤어스타일 : 머리스타일은 단정한 느낌을 주는 짧은 헤어스타일이 좋으며 앞머리가 있다면 이마나 눈썹을 가리지 않는 선에서 정리하는 것이 좋다.

ⓒ 여성

- 의상 : 단정한 스커트 투피스 정장이나 슬랙스 슈트가 무난하다. 블랙이나 그레이, 네이비, 브라운 등 차분해 보이는 색상을 선택하는 것이 좋다.
- 소품 : 구두, 핸드백 등은 같은 계열로 코디하는 것이 좋으며 구두는 너무 화려한 디자인이나 굽이 높은 것을 피한다. 스타킹은 의상과 구두에 맞춰 단정한 것으로 선택한다.
- 액세서리 : 액세서리는 너무 크거나 화려한 것은 좋지 않으며 과하게 많이 하는 것도 좋은 인상을 주지 못한다. 착용하지 않거나 작고 깔끔한 디자인으로 포인트를 주는 정도가 적당하다.
- 메이크업 : 화장은 자연스럽고 밝은 이미지를 표현하는 것이 좋으며 진한 색조는 인상이 강해 보일 수 있으므로 피한다.
- 헤어스타일 : 커트나 단발처럼 짧은 머리는 활동적이면서도 단정한 이미지를 줄 수 있도록 정리한다. 긴 머리의 경우 하나로 묶거나 단정한 머리망으로 정리하는 것이 좋으며, 짙은 염색이나 화려한 웨이브는 피한다.

② 인사

㉠ 인사의 의미 : 인사는 예의범절의 기본이며 상대방의 마음을 여는 기본적인 행동이라고 할 수 있다. 인사는 처음 만나는 면접관에게 호감을 살 수 있는 가장 쉬운 방법이 될 수 있기도 하지만 제대로 예의를 지키지 않으면 지원자의 인성 전반에 대한 평가로 이어질 수 있으므로 각별히 주의해야 한다.

㉡ 인사의 핵심 포인트

- 인사말 : 인사말을 할 때에는 밝고 친근감 있는 목소리로 하며, 자신의 이름과 수험번호 등을 간략하게 소개한다.
- 시선 : 인사는 상대방의 눈을 보며 하는 것이 중요하며 너무 빤히 쳐다본다는 느낌이 들지 않도록 주의한다.
- 표정 : 인사는 마음에서 우러나오는 존경이나 반가움을 표현하고 예의를 차리는 것이므로 살짝 미소를 지으며 하는 것이 좋다.
- 자세 : 인사를 할 때에는 가볍게 목만 숙인다거나 흐트러진 상태에서 인사를 하지 않도록 주의하며 절도 있고 확실하게 하는 것이 좋다.

③ 시선처리와 표정, 목소리

　㉠ 시선처리와 표정 : 표정은 면접에서 지원자의 첫인상을 결정하는 중요한 요소이다. 얼굴표정은 사람의 감정을 가장 잘 표현할 수 있는 의사소통 도구로 표정 하나로 상대방에게 호감을 주거나, 비호감을 사기도 한다. 호감이 가는 인상의 특징은 부드러운 눈썹, 자연스러운 미간, 적당히 볼록한 광대, 올라간 입 꼬리 등으로 가볍게 미소를 지을 때의 표정과 일치한다. 따라서 면접 중에는 밝은 표정으로 미소를 지어 호감을 형성할 수 있도록 한다. 시선은 면접관과 고르게 맞추되 생기 있는 눈빛을 띄도록 하며, 너무 빤히 쳐다본다는 인상을 주지 않도록 한다.

　㉡ 목소리 : 면접은 주로 면접관과 지원자의 대화로 이루어지므로 목소리가 미치는 영향이 상당하다. 답변을 할 때에는 부드러우면서도 활기차고 생동감 있는 목소리로 하는 것이 면접관에게 호감을 줄 수 있으며 적당한 제스처가 더해진다면 상승효과를 얻을 수 있다. 그러나 적절한 답변을 하였음에도 불구하고 콧소리나 날카로운 목소리, 자신감 없는 작은 목소리는 답변의 신뢰성을 떨어뜨릴 수 있으므로 주의하도록 한다.

④ 자세

　㉠ 걷는 자세

　　• 면접장에 입실할 때에는 상체를 곧게 유지하고 발끝은 평행이 되게 하며 무릎을 스치듯 11자로 걷는다.

　　• 시선은 정면을 향하고 턱은 가볍게 당기며 어깨나 엉덩이가 흔들리지 않도록 주의한다.

　　• 발바닥 전체가 닿는 느낌으로 안정감 있게 걸으며 발소리가 나지 않도록 주의한다.

　　• 보폭은 어깨넓이만큼이 적당하지만, 스커트를 착용했을 경우 보폭을 줄인다.

　　• 걸을 때도 미소를 유지한다.

　㉡ 서있는 자세

　　• 몸 전체를 곧게 펴고 가슴을 자연스럽게 내민 후 등과 어깨에 힘을 주지 않는다.

　　• 정면을 바라본 상태에서 턱을 약간 당기고 아랫배에 힘을 주어 당기며 바르게 선다.

　　• 양 무릎과 발뒤꿈치는 붙이고 발끝은 11자 또는 V형을 취한다.

　　• 남성의 경우 팔을 자연스럽게 내리고 양손을 가볍게 쥐어 바지 옆선에 붙이고, 여성의 경우 공수자세를 유지한다.

ⓒ 앉은 자세
- 남성

> - 의자 깊숙이 앉고 등받이와 등 사이에 주먹 1개 정도의 간격을 두며 기대듯 앉지 않도록 주의한다. (남녀 공통 사항)
> - 무릎 사이에 주먹 2개 정도의 간격을 유지하고 발끝은 11자를 취한다.
> - 시선은 정면을 바라보며 턱은 가볍게 당기고 미소를 짓는다. (남녀 공통 사항)
> - 양손은 가볍게 주먹을 쥐고 무릎 위에 올려놓는다.
> - 앉고 일어날 때에는 자세가 흐트러지지 않도록 주의한다. (남녀 공통 사항)

- 여성

> - 스커트를 입었을 경우 왼손으로 뒤쪽 스커트 자락을 누르고 오른손으로 앞쪽 자락을 누르며 의자에 앉는다.
> - 무릎은 붙이고 발끝을 가지런히 하며, 다리를 왼쪽으로 비스듬히 기울이면 단정해 보이는 효과가 있다.
> - 양손을 모아 무릎 위에 모아 놓으며 스커트를 입었을 경우 스커트 위를 가볍게 누르듯이 올려놓는다.

(2) 면접 예절

① 행동 관련 예절

ⓐ 지각은 절대금물 : 시간을 지키는 것은 예절의 기본이다. 지각을 할 경우 면접에 응시할 수 없거나, 면접 기회가 주어지더라도 불이익을 받을 가능성이 높아진다. 따라서 면접장소가 결정되면 교통편과 소요시간을 확인하고 가능하다면 사전에 미리 방문해 보는 것도 좋다. 면접 당일에는 서둘러 출발하여 면접 시간 20~30분 전에 도착하여 회사를 둘러보고 환경에 익숙해지는 것도 성공적인 면접을 위한 요령이 될 수 있다.

ⓑ 면접 대기 시간 : 지원자들은 대부분 면접장에서의 행동과 답변 등으로만 평가를 받는다고 생각하지만 그렇지 않다. 면접관이 아닌 면접진행자 역시 대부분 인사실무자이며 면접관이 면접 후 지원자에 대한 평가에 있어 확신을 위해 면접진행자의 의견을 구한다면 면접진행자의 의견이 당락에 영향을 줄 수 있다. 따라서 면접 대기 시간에도 행동과 말을 조심해야 하며, 면접을 마치고 돌아가는 순간까지도 긴장을 늦춰서는 안 된다. 면접 중 압박적인 질문에 답변을 잘 했지만, 면접장을 나와 흐트러진 모습을 보이거나 욕설을 한다면 면접 탈락의 요인이 될 수 있으므로 주의해야 한다.

ⓒ 입실 후 태도 : 본인의 차례가 되어 호명되면 또렷하게 대답하고 들어간다. 만약 면접 장 문이 닫혀 있다면 상대에게 소리가 들릴 수 있을 정도로 노크를 두세 번 한 후 대 답을 듣고 나서 들어가야 한다. 문을 여닫을 때에는 소리가 나지 않게 조용히 하며 공손한 자세로 인사한 후 성명과 수험번호를 말하고 면접관의 지시에 따라 자리에 앉 는다. 이 경우 착석하라는 말이 없는데 먼저 의자에 앉으면 무례한 사람으로 보일 수 있으므로 주의한다. 의자에 앉을 때에는 끝에 앉지 말고 무릎 위에 양손을 가지런히 얹는 것이 예절이라고 할 수 있다.

ⓔ 옷매무새를 자주 고치지 마라. : 일부 지원자의 경우 옷매무새 또는 헤어스타일을 자주 고치거나 확인하기도 하는데 이러한 모습은 과도하게 긴장한 것 같아 보이거나 면접 에 집중하지 못하는 것으로 보일 수 있다. 남성 지원자의 경우 넥타이를 자꾸 고쳐 맨다거나 정장 상의 끝을 너무 자주 만지작거리지 않는다. 여성 지원자는 머리를 계 속 쓸어 올리지 않고, 특히 짧은 치마를 입고서 신경이 쓰여 치마를 끌어 내리는 행 동은 좋지 않다.

ⓜ 다리를 떨거나 산만한 시선은 면접 탈락의 지름길 : 자신도 모르게 다리를 떨거나 손가락 을 만지는 등의 행동을 하는 지원자가 있는데, 이는 면접관의 주의를 끌 뿐만 아니라 불안하고 산만한 사람이라는 느낌을 주게 된다. 따라서 가능한 한 바른 자세로 앉아 있는 것이 좋다. 또한 면접관과 시선을 맞추지 못하고 여기저기 둘러보는 듯한 산만 한 시선은 지원자가 거짓말을 하고 있다고 여겨지거나 신뢰할 수 없는 사람이라고 생 각될 수 있다.

② 답변 관련 예절

ⓐ 면접관이나 다른 지원자와 가치 논쟁을 하지 않는다. : 질문을 받고 답변하는 과정에서 면 접관 또는 다른 지원자의 의견과 다른 의견이 있을 수 있다. 특히 평소 지원자가 관 심이 많은 문제이거나 잘 알고 있는 문제인 경우 자신과 다른 의견에 대해 이의가 있 을 수 있다. 하지만 주의할 것은 면접에서 면접관이나 다른 지원자와 가치 논쟁을 할 필요는 없다는 것이며 오히려 불이익을 당할 수도 있다. 정답이 정해져 있지 않은 경 우에는 가치관이나 성장배경에 따라 문제를 받아들이는 태도에서 답변까지 충분히 차 이가 있을 수 있으므로 굳이 면접관이나 다른 지원자의 가치관을 지적하고 고치려 드 는 것은 좋지 않다.

ⓛ 답변은 항상 정직해야 한다. : 면접이라는 것이 아무리 지원자의 장점을 부각시키고 단점을 축소시키는 것이라고 해도 절대로 거짓말을 해서는 안 된다. 거짓말을 하게 되면 지원자는 불안하거나 꺼림칙한 마음이 들게 되어 면접에 집중을 하지 못하게 되고 수많은 지원자를 상대하는 면접관은 그것을 놓치지 않는다. 거짓말은 그 지원자에 대한 신뢰성을 떨어뜨리며 이로 인해 다른 스펙이 아무리 훌륭하다고 해도 채용에서 탈락하게 될 수 있음을 명심하도록 한다.

ⓒ 경력직을 경우 전 직장에 대해 험담하지 않는다. : 지원자가 전 직장에서 무슨 업무를 담당했고 어떤 성과를 올렸는지는 면접관이 관심을 둘 사항일 수 있지만, 이전 직장의 기업문화나 상사들이 어땠는지는 그다지 궁금해 하는 사항이 아니다. 전 직장에 대해 험담을 늘어놓는다든가, 동료와 상사에 대한 악담을 하게 된다면 오히려 지원자에 대한 부정적인 이미지만 심어줄 수 있다. 만약 전 직장에 대한 말을 해야 할 경우가 생긴다면 가능한 한 객관적으로 이야기하는 것이 좋다.

ⓔ 자기 자신이나 배경에 대해 자랑하지 않는다. : 자신의 성취나 부모 형제 등 집안사람들이 사회·경제적으로 어떠한 위치에 있는지에 대한 자랑은 면접관으로 하여금 지원자에 대해 오만한 사람이거나 배경에 의존하려는 나약한 사람이라는 이미지를 갖게 할 수 있다. 따라서 자기 자신이나 배경에 대해 자랑하지 않도록 하고, 자신이 한 일에 대해서 너무 자세하게 얘기하지 않도록 주의해야 한다.

3 면접 질문 및 답변 포인트

(1) 가족 및 대인관계에 관한 질문

① 당신의 가정은 어떤 가정입니까?

면접관들은 지원자의 가정환경과 성장과정을 통해 지원자의 성향을 알고 싶어 이와 같은 질문을 한다. 비록 가정 일과 사회의 일이 완전히 일치하는 것은 아니지만 '가화만사성'이라는 말이 있듯이 가정이 화목해야 사회에서도 화목하게 지낼 수 있기 때문이다. 그러므로 답변 시에는 가족사항을 정확하게 설명하고 집안의 분위기와 특징에 대해 이야기하는 것이 좋다.

② 친구 관계에 대해 말해 보십시오.

지원자의 인간성을 판단하는 질문으로 교우관계를 통해 답변자의 성격과 대인관계능력을 파악할 수 있다. 새로운 환경에 적응을 잘하여 새로운 친구들이 많은 것도 좋지만, 깊고 오래 지속되어온 인간관계를 말하는 것이 더욱 바람직하다.

(2) 성격 및 가치관에 관한 질문

① 당신의 PR포인트를 말해 주십시오.

PR포인트를 말할 때에는 지나치게 겸손한 태도는 좋지 않으며 적극적으로 자기를 주장하는 것이 좋다. 앞으로 입사 후 하게 될 업무와 관련된 자기의 특성을 구체적인 일화를 더하여 이야기하도록 한다.

② 당신의 장·단점을 말해 보십시오.

지원자의 구체적인 장·단점을 알고자 하기 보다는 지원자가 자기 자신에 대해 얼마나 알고 있으며 어느 정도의 객관적인 분석을 하고 있나, 그리고 개선의 노력 등을 시도하는지를 파악하고자 하는 것이다. 따라서 장점을 말할 때는 업무와 관련된 장점을 뒷받침할 수 있는 근거와 함께 제시하며, 단점을 이야기할 때에는 극복을 위한 노력을 반드시 포함해야 한다.

③ 가장 존경하는 사람은 누구입니까?

존경하는 사람을 말하기 위해서는 우선 그 인물에 대해 알아야 한다. 잘 모르는 인물에 대해 존경한다고 말하는 것은 면접관에게 바로 지적당할 수 있으므로, 추상적이라도 좋으니 평소에 존경스럽다고 생각했던 사람에 대해 그 사람의 어떤 점이 좋고 존경스러운지 대답하도록 한다. 또한 자신에게 어떤 영향을 미쳤는지도 언급하면 좋다.

(3) 학교생활에 관한 질문

① 지금까지의 학교생활 중 가장 기억에 남는 일은 무엇입니까?

가급적 직장생활에 도움이 되는 경험을 이야기하는 것이 좋다. 또한 경험만을 간단하게 말하지 말고 그 경험을 통해서 얻을 수 있었던 교훈 등을 예시와 함께 이야기하는 것이 좋으나 너무 상투적인 답변이 되지 않도록 주의해야 한다.

② 성적은 좋은 편이었습니까?

면접관은 이미 서류심사를 통해 지원자의 성적을 알고 있다. 그럼에도 불구하고 이 질문을 하는 것은 지원자가 성적에 대해서 어떻게 인식하느냐를 알고자 하는 것이다. 성적이 나빴던 이유에 대해서 변명하려 하지 말고 담백하게 받아드리고 그것에 대한 개선노력을 했음을 밝히는 것이 적절하다.

③ 학창시절에 시위나 집회 등에 참여한 경험이 있습니까?

기업에서는 노사분규를 기업의 사활이 걸린 중대한 문제로 인식하고 거시적인 차원에서 접근한다. 이러한 기업문화를 제대로 인식하지 못하여 학창시절의 시위나 집회 참여 경험을 자랑스럽게 답변할 경우 감점요인이 되거나 심지어는 탈락할 수 있다는 사실에 주의한다. 시위나 집회에 참가한 경험을 말할 때에는 타당성과 정도에 유의하여 답변해야 한다.

(4) 지원동기 및 직업의식에 관한 질문

① 왜 우리 회사를 지원했습니까?

이 질문은 어느 회사나 가장 먼저 물어보고 싶은 것으로 지원자들은 기업의 이념, 대표의 경영능력, 재무구조, 복리후생 등 외적인 부분을 설명하는 경우가 많다. 이러한 답변도 적절하지만 지원 회사의 주력 상품에 관한 소비자의 인지도, 경쟁사 제품과의 시장점유율을 비교하면서 입사동기를 설명한다면 상당히 주목 받을 수 있을 것이다.

② 만약 이번 채용에 불합격하면 어떻게 하겠습니까?

불합격할 것을 가정하고 회사에 응시하는 지원자는 거의 없을 것이다. 이는 지원자를 궁지로 몰아넣고 어떻게 대응하는지를 살펴보며 입사 의지를 알아보려고 하는 것이다. 이 질문은 너무 깊이 들어가지 말고 침착하게 답변하는 것이 좋다.

③ 당신이 생각하는 바람직한 사원상은 무엇입니까?

직장인으로서 또는 조직의 일원으로서의 자세를 묻는 질문으로 지원하는 회사에서 어떤 인재상을 요구하는 가를 알아두는 것이 좋으며, 평소에 자신의 생각을 미리 정리해 두어 당황하지 않도록 한다.

④ 직무상의 적성과 보수의 많음 중 어느 것을 택하겠습니까?

이런 질문에서 회사 측에서 원하는 답변은 당연히 직무상의 적성에 비중을 둔다는 것이다. 그러나 적성만을 너무 강조하다 보면 오히려 솔직하지 못하다는 인상을 줄 수 있으므로 어느 한 쪽을 너무 강조하거나 경시하는 태도는 바람직하지 못하다.

⑤ 상사와 의견이 다를 때 어떻게 하겠습니까?

과거와 다르게 최근에는 상사의 명령에 무조건 따르겠다는 수동적인 자세는 바람직하지 않다. 회사에서는 때에 따라 자신이 판단하고 행동할 수 있는 직원을 원하기 때문이다. 그러나 지나치게 자신의 의견만을 고집한다면 이는 팀원 간의 불화를 야기할 수 있으며 팀 체제에 악영향을 미칠 수 있으므로 선호하지 않는다는 것에 유념하여 답해야 한다.

⑥ 근무지가 지방인데 근무가 가능합니까?

근무지가 지방 중에서도 특정 지역은 되고 다른 지역은 안 된다는 답변은 바람직하지 않다. 직장에서는 순환 근무라는 것이 있으므로 처음에 지방에서 근무를 시작했다고 해서 계속 지방에만 있는 것은 아님을 유의하고 답변하도록 한다.

(5) 여가 활용에 관한 질문

① 취미가 무엇입니까?

기초적인 질문이지만 특별한 취미가 없는 지원자의 경우 대답이 애매할 수밖에 없다. 그래서 가장 많이 대답하게 되는 것이 독서, 영화감상, 혹은 음악감상 등과 같은 흔한 취미를 말하게 되는데 이런 취미는 면접관의 주의를 끌기 어려우며 설사 정말 위와 같은 취미를 가지고 있다하더라도 제대로 답변하기는 힘든 것이 사실이다. 가능하면 독특한 취미를 말하는 것이 좋으며 이제 막 시작한 것이라도 열의를 가지고 있음을 설명할 수 있으면 그것을 취미로 답변하는 것도 좋다.

(6) 지원자를 당황하게 하는 질문

① 성적이 좋지 않은데 이 정도의 성적으로 우리 회사에 입사할 수 있다고 생각합니까?

비록 자신의 성적이 좋지 않더라도 이미 서류심사에 통과하여 면접에 참여하였다면 기업에서는 지원자의 성적보다 성적 이외의 요소, 즉 성격·열정 등을 높이 평가했다는 것이라고 할 수 있다. 그러나 이런 질문을 받게 되면 지원자는 당황할 수 있으나 주눅 들지 말고 침착하게 대처하는 면모를 보인다면 더 좋은 인상을 남길 수 있다.

② 우리 회사 회장님 함자를 알고 있습니까?

회장이나 사장의 이름을 조사하는 것은 면접일을 통고받았을 때 이미 사전 조사되었어야 하는 사항이다. 단답형으로 이름만 말하기보다는 그 기업에 입사를 희망하는 지원자의 입장에서 답변하는 것이 좋다.

③ 당신은 이 회사에 적합하지 않은 것 같군요.

이 질문은 지원자의 입장에서 상당히 곤혹스러울 수밖에 없다. 질문을 듣는 순간 그렇다면 면접은 왜 참가시킨 것인가 하는 생각이 들 수도 있다. 하지만 당황하거나 흥분하지 말고 침착하게 자신의 어떤 면이 회사에 적당하지 않는지 겸손하게 물어보고 지적당한 부분에 대해서 고치겠다는 의지를 보인다면 오히려 자신의 능력을 어필할 수 있는 기회로 사용할 수도 있다.

④ 다시 공부할 계획이 있습니까?

이 질문은 지원자가 합격하여 직장을 다니다가 공부를 더 하기 위해 회사를 그만 두거나 학습에 더 관심을 두어 일에 대한 능률이 저하될 것을 우려하여 묻는 것이다. 이때에는 당연히 학습보다는 일을 강조해야 하며, 업무 수행에 필요한 학습이라면 업무에 지장이 없는 범위에서 야간학교를 다니거나 회사에서 제공하는 연수 프로그램 등을 활용하겠다고 답변하는 것이 적당하다.

⑤ 지원한 분야가 전공한 분야와 다른데 여기 일을 할 수 있겠습니까?

수험생의 입장에서 본다면 지원한 분야와 전공이 다르지만 서류전형과 필기전형에 합격하여 면접을 보게 된 경우라고 할 수 있다. 이는 결국 해당 회사의 채용 방침상 전공에 크게 영향을 받지 않는다는 것이므로 무엇보다 자신이 전공하지는 않았지만 어떤 업무도 적극적으로 임할 수 있다는 자신감과 능동적인 자세를 보여주도록 노력하는 것이 좋다.

02 면접기출

1 삼성웰스토리 영양사 · 조리사 면접기출

삼성웰스토리 4급 신입 영양사/조리사 채용은 1차 실무면접과 2차 임원면접으로 진행된다. 1차 실무면접은 면접관 3명과 지원자 4명의 多:多 면접으로 약 20~30분 정도 진행되며, 2차 임원면접은 면접관 3명과 지원자 1명의 多:1 면접으로 약 10~15분 정도 소요된다.

① 외국인을 대상으로 한 고급 비빔밥을 개발해야 한다. 어떤 재료로 만들겠는가? 이유는 무엇인가?

② 고객에게 제공된 식사 안에서 이물질이 나왔다. 어떻게 대처하겠는가?

③ 고객만족, 회사이익, 위생 중에서 무엇이 가장 중요하다고 생각하는가?

④ 당뇨병이 있는 사람이 먹어야 할 음식과 먹지 말아야 할 음식은 무엇이 있는가?

⑤ 건열조리법에는 어떤 방법들이 있는가?

⑥ 스테이크 굽기를 확인하는 방법은 무엇인가?

⑦ 더운 여름날에 추천할 보양음식은 무엇이 있는가?

⑧ 서양요리 7코스에 대해 이야기해 보시오.

⑨ 홍삼의 영양학적 효능을 설명하며 판매해 보시오.

⑩ 단체급식에서 쌀을 잘 보관하는 방법에 대해 설명해 보시오.

⑪ 잔반의 분류에 대해 설명해 보시오.

⑫ 영양사라는 직업의 단점과 그에 대해 어떻게 생각하는가?

⑬ 주변 사람들이 지원자에 대해 외향적으로 생각하는가, 내향적으로 생각하는가?

⑭ 사내 이벤트를 진행한다면 어떤 이벤트를 기획할 것인가?

⑮ 위생과 청결의 차이점에 대해 설명해 보시오.

2 국내 주요 기업 면접 기출

(1) 삼성

① 자기소개를 해 보세요.

② 전 직장을 그만 둔 이유는 무엇입니까?

③ 당사에 지원한 동기는 무엇입니까?

④ 지방 근무 가능하십니까?

⑤ 가족관계를 설명해 주세요.

⑥ 입사 후 자신이 싫어하는 업무를 맡았을 때 어떻게 하겠습니까?

⑦ 학교 다닐 때 어떤 것을 경험했고, 그 교훈은 무엇이었습니까?

⑧ 노조에 대해 어떻게 생각하십니까?

⑨ 자신의 (성격) 장 · 단점을 말해보세요.

⑩ 마지막으로 하고 싶은 말이 있으면 말해보세요.

(2) SK

① 자기소개를 해 주세요.

② 이직의 이유가 무엇입니까?

③ 지원 동기는 무엇입니까?

④ 다른 회사는 어디에 지원했습니까? 합격한다면 어디로 갈 것입니까?

⑤ 입사 후 어떤 일을 하고 싶습니까?

⑥ 지방근무는 가능합니까?

⑦ 자신의 취미를 말해 보세요.

⑧ 주량은 어떻게 됩니까?

⑨ 가족 소개를 해 보세요.

(3) LG

① 당사에 대해 말해 보세요.

② 지방 근무는 가능합니까?

③ 입사하면 어떤 일을 하고 싶습니까?

④ 다른 회사에 지원했습니까?

⑤ 술은 얼마나 합니까?

⑥ 해당 직무에 지원하는 이유는 무엇입니까?

⑦ 입사 후 하고 싶은 일을 말해 보세요.

⑧ 입사 후 포부를 말해 주세요.

⑨ 취미를 말해 보세요.

⑩ 마지막으로 하고 싶은 말은?

(4) 롯데

① 자기소개를 해 보세요.

② 입사한다면 어떤 일을 하고 싶은가?

③ 자신의 강점을 설명해 보세요.

④ 가족사항을 소개해 주세요.

⑤ 자사에 지원한 이유가 무엇입니까?

⑥ 해당 근무를 하려는 이유는 무엇입니까?

⑦ 지방 근무는 가능합니까?

⑧ 당사에 대해 아는대로 말해 보세요.

⑨ 자신의 특기를 말해 보세요.

⑩ 마지막으로 할 말이 있으면 해 보세요.

(5) GS

① 자기소개를 해 보세요.

② 입사동기는 무엇입니까?

③ 앞으로의 포부를 말해 보세요.

④ 자신의 장점을 말해 주세요.

⑤ 자신의 성격에 대해서 말해 보세요

⑥ 어려운 사항을 극복한 과정을 말해 보세요.

⑦ 이전 직장에서 맡은 일은 무엇이며, 왜 그만두었나요?

⑧ 주량은 얼마나 됩니까?

⑨ 전공이 희망 직무와 맞지 않는데 왜 지원했나요?

⑩ 마지막으로 할 말이 있으면 해 보세요.

(6) 현대중공업

① 자기소개를 해 보세요.

② 당사 지원 동기는 무엇입니까?

③ 이직의 사유는 무엇입니까?

④ 입사 후 하고 싶은 일이 무엇입니까?

⑤ 지방 근무는 가능합니까?

⑥ 취미를 말해 보세요.

⑦ 자신만의 특기가 있으면 설명해 보세요.

⑧ 동아리 활동을 말해 보세요.

⑨ 졸업 후 지금까지 무엇을 했습니까?

⑩ 전 직장의 경력에 대해서 말해 보세요.

(7) 금호아시아나

① 우리 회사에 왜 지원했는지 얘기해 보세요.

② 다른 회사 어디에 지원했고, 어떻게 진행중입니까?

③ 자신의 꿈에 대해서 말해 보세요.

④ 들어와서 어떤 일을 하고 싶습니까?

⑤ 원하지 않는 직무를 맡으면 어떻게 할 것인가요?

⑥ 최근 읽은 책, 잡지, 신문 등에서 가장 인상 깊은 부분을 말해 보세요.

⑦ 가족 소개를 해 보세요.

⑧ 가장 힘들었던 경험을 말해 보세요.

⑨ 우리 회사에 대해 아는 대로 말해 보세요.

⑩ 지원한 직무에서 하는 일을 아십니까?

(8) 한진

① 자기소개를 해 보세요.

② 영어로 자기소개 해 보세요.

③ 한진에서 일하기에 본인이 가진 장점이 무엇이라고 생각합니까?

④ 학창시절 동아리 활동에 대하여 말해 보세요.

⑤ 지방근무는 가능한가요?

⑥ 노사에 대해서 어떻게 생각합니까?

⑦ 주량은 어떻게 됩니까?

⑧ 자신의 강점을 말해보세요.

⑨ 한진에서 무슨 일을 하고 싶습니까?

⑩ 살면서 가장 힘겨웠던 경험을 얘기해 보세요.

(9) 두산

① 자기소개를 해 보세요.

② 당사에 지원한 동기가 무엇입니까?

③ 전공이 지원 분야와 어떤 상관이 있습니까?

④ 주량은 어느 정도입니까?

⑤ 자신의 취미와 특기를 말해 보세요.

⑥ 가족관계를 설명해 보세요.

⑦ 학교생활동안 동아리 활동이나 사회봉사활동 경험이 있습니까?

⑧ 지금까지 살면서 힘들었던 일들과 그것을 어떻게 극복했는지 말해 보세요.

⑨ 입사한다면 어떤 일을 하고 싶습니까?

⑩ 마지막으로 하고 싶은 말이 있으면 해 보세요.

(10) STX

① 기업의 자금조달 방법은 무엇입니까?

② 가장 자신있는 분야는 무엇입니까?

③ 취직이 안되는 이유가 무엇이라 생각합니까?

④ 운동을 좋아하나요?

⑤ 마력에 관해 설명해 보세요

⑥ 디젤 엔진의 효율은 어느 정도 입니까?

⑦ 이직하려는 이유가 무엇입니까?

⑧ 대인관계 관련 노하우가 있습니까?

⑨ 우리 회사와 관련없는 전공인데 왜 지원하게 되었습니까?

⑩ 대학 시절 가장 후회되는 일과 뿌듯했던 일을 말해 보세요.

서원각과 함께

꿈의 날개를

펼쳐라

한국서부발전

한국농수산식품유통공사

한국전력공사

국민체육진흥공단